特別支援教育の新しいステージ

5つのI（アイ）で始まる知的障害児教育の実践・研究

新学習指導要領から読む新たな授業つくり

編著

橋本創一・安永啓司・大伴 潔

小池敏英・伊藤友彦・小金井俊夫

福村出版

まえがき

少子化が叫ばれて効果的な対策が期待される中，知的障害児の児童生徒数は年々増加の一途をたどっています。発達障害のある児童生徒に比べれば少ないのですが，全国の知的障害特別支援学校や小・中学校特別支援学級の学級数・在籍者数ともに右肩上がりが続いています。当然ながら，学校や教室，教材，教師の数が増えていますが，大量生産で同じ物・空間や人員配置などをするだけでは困ります。なぜならば，知的障害児は一人一人違う個性豊かな存在であり，そうした子どもたちへの教育は質の高い指導・支援が求められるからです。知的障害児教育の歴史は古く，様々な優れた先人・賢人らが，独自に工夫した実践や方法などをあみ出してきた経緯があります。私たちはそのことを常に忘れてはなりませんし，“これまで”を学ぶことが現代の支援者・実践家・研究者の責務でしょう。一方で，“これから”の教育について，今，目の前にいる子どもたちを通じて創造していかなければなりません。その一助となってくれれば，と願い，本書を編集しました。

本書のポイントは，「学習指導要領の解説を早読みできる！」「知的障害児教育とは何か？」「ユニークな実践を５つの研究テーマと愛（‘I’という頭文字）から紹介！」の３点です。総勢 32 名の実践家と研究者によって，「知的障害児教育」を学習指導要領とユニークな実践の紹介から考え直してみました。

第Ⅰ部の第１フェーズでは，学習指導要領の改訂をわかりやすく解説しています。なかでも，知的障害児教育で変わった箇所について記しています。第２フェーズは，今さら聞けない「学習指導要領って何ですか？」「教育課程や授業とは？」について，文部科学省から発刊された資料をもとに明瞭に解説しています。同様に，第３フェーズは，「知的障害児教育って？」という質問にお答えするように，知的障害の定義や特性，教育課程，指導の形態，指導の手立てなどを詳しく紹介しています。第３フェーズは，いわば，知的障害児教育の簡単なハンドブックになっています。手元に置いて，是非ともご活用ください。また，13 個のコラムは，知的障害児教育に関連した最近のわが国の施策をコンパクトに掲載しました。あわせて参考にしていただければと思います。

そして第Ⅱ部では，ユニークな実践を選りすぐって 33 例紹介しています。これらは，愛情（アイ）あふれる教育をモットーに，その頭文字が‘I’（アイ）で始まる５つの key word に基づく教育実践・研究と支援プログラムに配列し直したもので，東京学芸大学と附属特別支援学校を中心とした教育実践研究プロジェクトから生まれた実践の数々です。

５つの‘Ｉ’（アイ）とは以下の通りです。

①『ICF（International Classification of Functioning, Disability and Health）』（国際生活機能分類）

②『IEP（Individualized Education Program）』（個別教育計画）

③『IES & CE（Inclusive Education System & Career Education）』（インクルーシブ教育システム＆キャリア教育）

④『ILC（Instruction of Language and Communication）』（言語コミュニケーション指導）

⑤『ICT（Information and Communication Technology）』（情報通信技術）

※詳しくは52～53ページを参照

この５つの‘Ｉ’のkey wordをもとに，第Ⅱ部を第１～５のフェーズに分けて構成しています。そして，各々のフェーズの冒頭で，ナビゲーションという項を設けて，上記の用語の定義や解説をプロジェクト研究と照らしながら記しています。詳しくはそちらをご覧ください。そして，実際の授業や教育実践をプラクティスと称して，フェーズごとに５～９つの指導案・実践記録を掲載しています。プラクティスは，その授業や実践の特徴から，恣意的に「授業実践」「アセスメント」「卒業生支援」「個別指導」「指導実践」の５つに分類されています。学校教育や子どもたちの学びの生活の場は，授業だけに限りません。そして，教師の仕事も様々です。すべてを網羅して載せることはできませんが，支援の場面や時間，形態などの違いが明白になるように分類しました。

多くの知的障害児教育に携わる人，これから教師を目指す人，知的障害児を取り巻く関係者の皆さんに，手に取っていただければ幸いです。最後に，本書をまとめるにあたり，たくさんのご理解・協力や資料提供をいただいた東京学芸大学附属特別支援学校の内田賢校長先生をはじめとする先生方，幼児児童生徒・保護者の皆さん，そして，出版を快くお引き受けくださった福村出版の宮下基幸さん，編集者の小山光さんに心より感謝申し上げます。

2018年10月

編者一同

目　次

まえがき　3

第Ⅰ部

新学習指導要領（2017年）と新たな授業つくりに向けて
――特別支援教育の新ステージ ＆ 知的障害教育の転換――

▶第1フェーズ　新しい学習指導要領改訂（2017年）のポイント〔総論〕

ナビゲーション　10

1．今回の改訂における基本的な考え方　10
2．知的障害児の教育内容等の主な改訂ポイント　11
3．知的障害児教育におけるこれまでの課題とこれからの実践に向けて　18

コラム　① 障害者の生涯学習の推進について　13
② 障害者の文化芸術活動の充実〔文化庁〕について　14
③ Specialプロジェクト2020〔スポーツ庁〕について　18

▶第2フェーズ　教育課程改革と授業つくり

ナビゲーション　22

1．学習指導要領の変遷　22
2．近年の教育課程　25
3．授業つくり　28

▶第3フェーズ　インクルーシブ教育システムの中の知的障害児教育

ナビゲーション　33

1．法改正の推移　33
2．個別の教育支援計画について　34
3．今日的な障害の捉え方（国際生活機能分類：ICF）　35
4．障害の種類・程度と就学先の決定のあり方（2013年以降）　35
5．合理的配慮について　36
6．特別支援教育コーディネーター　38
7．交流及び共同学習について　38

8．知的障害児の教育について　39
コラム　④ 社会参加までの切れ目ない支援体制整備について　34
⑤ 合理的配慮の観点（3観点11項目）　37
⑥ 基礎的環境整備の観点（8観点）　37
⑦ ユニバーサルデザイン（UD：Universal Design）　38
⑧ 知的障害者における適応行動　39
⑨ 知的障害特別支援学校における「教科別の指導」　42
⑩ 特別支援学校（知的障害）の教科書　42
⑪「領域・教科を合わせた指導」の学校への導入　45
⑫ 特別支援教育専門家等の配置（インクルーシブ教育システムの推進）について　49
⑬ 地域学校協働活動推進事業〔地域学校協働推進室〕について　50

第Ⅱ部

新学習指導要領に対応した教育実践・研究について

5つの‘I’（アイ）で始まる教育実践・研究とは …… 52

▶第1フェーズ　ICFモデルによる授業つくり・教育課程

ナビゲーション …… 54
1．生活機能の評価ツールとして　54
2．分類リストに着目して　55
3．ライフスキルを借用して　56
4．個別の教育支援計画と個別の指導計画を区別する　56

プラクティス1
① 音でおはなししよう♪　対話のエチュード …… 58
② 小学部における音楽交流と合同演奏 …… 60
③ ラケット競技への取り組み ～バドミントン～ …… 62
④ 自分に必要な体力を考え運動に取り組もう …… 64
⑤ 一人通学に向けた取り組み …… 66
⑥ 月経と上手につきあおう …… 68
⑦ 手の清潔と健康 …… 70
⑧ 働く力を身につける作業学習 …… 72
⑨ 自己評価を組み込んだ授業実践 …… 74

▶第2フェーズ　IEP作成と保護者との連携

ナビゲーション ……… 76

1．IEP（Individualized Education Program：個別教育計画）　76
2．アセスメント（Assessment）　77
3．教育評価（Evaluation）　77
4．保護者との連携（Cooperation）　79

プラクティス2

① チームIEP　～トイレサインの形成から般化まで～ ……… 80
② 児童の実態に応じた朝の会の授業 ……… 82
③ 指導目標の設定につなげる言語コミュニケーションのアセスメント ……… 84
④ ABC分析による行動アセスメント ……… 86
⑤ 児童生徒の発達と行動に基づいた個別の指導計画つくり
　～知能と学習のアセスメント～ ……… 88
⑥ 適応スキルと支援ニーズに基づいた個別の指導計画つくり
　～適応行動のアセスメント～ ……… 90
⑦ 保護者との連携でつながる個別の指導計画 ……… 92
⑧ IEPと移行支援計画　～社会への円滑な移行を目指した移行支援会議～ ……… 94

▶第3フェーズ　IES & CEインクルーシブ教育システムとキャリア教育の実践

ナビゲーション ……… 96

1．インクルーシブ教育・保育　96
2．障害理解教育と交流・共同学習　97
3．キャリア教育　97
4．自己理解と自己肯定感について　98

プラクティス3

① 幼稚部交流学習 ……… 100
② みんなでやってみよう！　SST ……… 102
③ キャリア発達を大切にした現場実習 ……… 104
④ 自己決定を意識した進路指導 ……… 106
⑤ 卒業生支援「若竹会」 ……… 108

▶第4フェーズ　ILC（言語コミュニケーション指導）の実践

ナビゲーション ……… 110

1．育てたい領域　110
2．コミュニケーション力を伸ばす手立て　111

プラクティス4
① 人形と遊ぼう！ …… 114
② タンバリンで友達かかわりゲーム …… 116
③ ダウン症児の発音指導「お口をはっきり！」…… 118
④ ダウン症指導 ～マカトン法を使ったことばの指導～ …… 120
⑤ 自閉症スペクトラム児童へのILC …… 122
⑥ 発話明瞭度の改善を目指した指導 …… 124

第5フェーズ　ICT活用による実践

ナビゲーション …… 126
1．一人一人の教育的ニーズとICT 126
2．「アセスメントと教材システム」による支援の実際 126

プラクティス5
① タブレットによるひらがな読み指導 …… 130
② 電子黒板でおはなしあそびをしよう …… 132
③ デジタル教科書を活用した「くらし」の授業 …… 134
④「思い出遊び」タブレット端末の連絡帳補完型活用法とのコラボ授業 …… 136
⑤ 書字学習支援システムの開発と活用 …… 138

第Ⅰ部

新学習指導要領（2017年）と新たな授業つくりに向けて
――特別支援教育の新ステージ ＆ 知的障害教育の転換――

▶▶▶ 第１フェーズ ◀◀◀

新しい学習指導要領改訂（2017年）のポイント〔総論〕

ナビゲーション

Key Words

社会に開かれた教育課程，資質・能力，アクティブ・ラーニング，
カリキュラム・マネジメント，学びの連続性，キャリア教育

１．今回の改訂における基本的な考え方

2017（平成29）年の学習指導要領の改訂が目指す，①教育が普遍的に目指す根幹を堅持しつつ，社会の変化に視点を向け，柔軟に受け止めていく「社会に開かれた教育課程」の考え方，②育成を目指す資質・能力についての基本的な考え方，③課題の発見や解決に向けた主体的・協働的な学びである「アクティブ・ラーニング」（学びの深化）の視点を踏まえた指導方法の充実，④カリキュラム・マネジメントなど，初等中等教育全体の改善・充

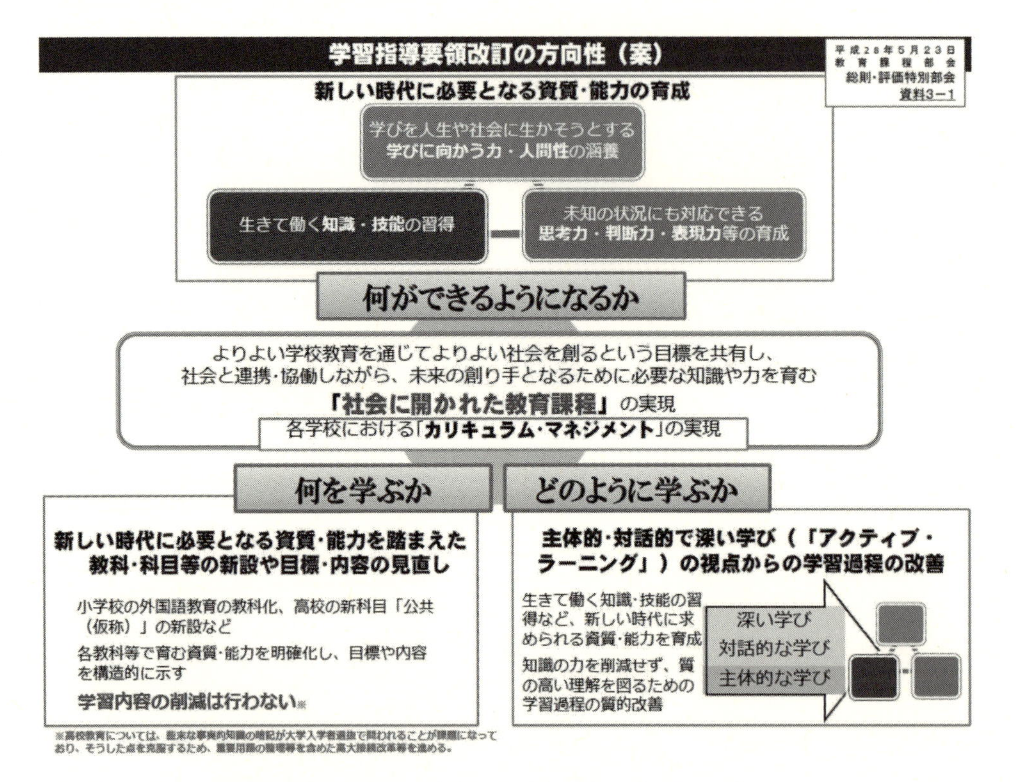

出典）文部科学省 教育課程部会特別支援教育部会 第９回 資料３（2016年５月30日）

実の方向性を，特別支援学校についても重視しています。

インクルーシブ教育システムの推進により，障害のある子どもたちの学びの場の選択が柔軟に行われるようになっていることから，特別支援学校と幼稚園，小・中・高等学校における子どもたちの学びの連続性の確保を強く推進しています。

障害の重度・重複化や多様化への対応，幼稚部・小学部の段階から，学校や社会の中で自分の役割を果たしながら，自分らしい生き方を実現していく過程であるキャリア発達を促すキャリア教育など，卒業後の自立と社会参加に向けた充実を図ることを述べています。

2．知的障害児の教育内容等の主な改訂ポイント

(1) 学びの連続性を重視した対応

「重複障害者等に関する教育課程の取扱い※」について，子どもたちの学びの連続性を確保する視点から，基本的な考え方を規定し，目標及び内容との系統性に留意します。

※(1) 各教科及び外国語活動の目標及び内容に関する事項の一部を取り扱わないことができること。

(2) 各教科及び道徳科等の各学年の目標及び内容の一部又は全部を，当該各学年より前の各学年の目標及び内容の一部又は全部によって，替えることができること。また，小学部の児童については，外国語科の目標及び内容の一部又は全部を，外国語活動の目標及び内容の一部又は全部によって，替えることができること。

(3) 中学部の各教科及び道徳科の目標及び内容に関する事項の一部又は全部を，当該各教科に相当する小学部の各教科及び道徳科の目標及び内容に関する事項の一部又は全部によって，替えることができること。

(4) 視覚障害者，聴覚障害者，肢体不自由者又は病弱者である生徒に対する教育を行う特別支援学校の中学部の外国語については，小学部の外国語科及び外国語活動の目標及び内容の一部を取り入れることができること。

(5) 幼稚部教育要領に示す各領域のねらい及び内容の一部を取り入れることができること。

知的障害のある子どものための各教科等の目標や内容について，育成を目指す資質・能力の三つの柱（①何を知っているか・何ができるか；個別の知識・技能，②知っていること・できることをどう使うか；思考力・判断力・表現力等，③どのように社会・世界と関わり，よりよい人生を送るか；学びに向かう力，人間性等）を踏まえ，小・中学部の各部段階を通して，自ら考え，判断し，意思を表明し，表明する意欲を育成する。その際，各学部や各段階，幼稚園

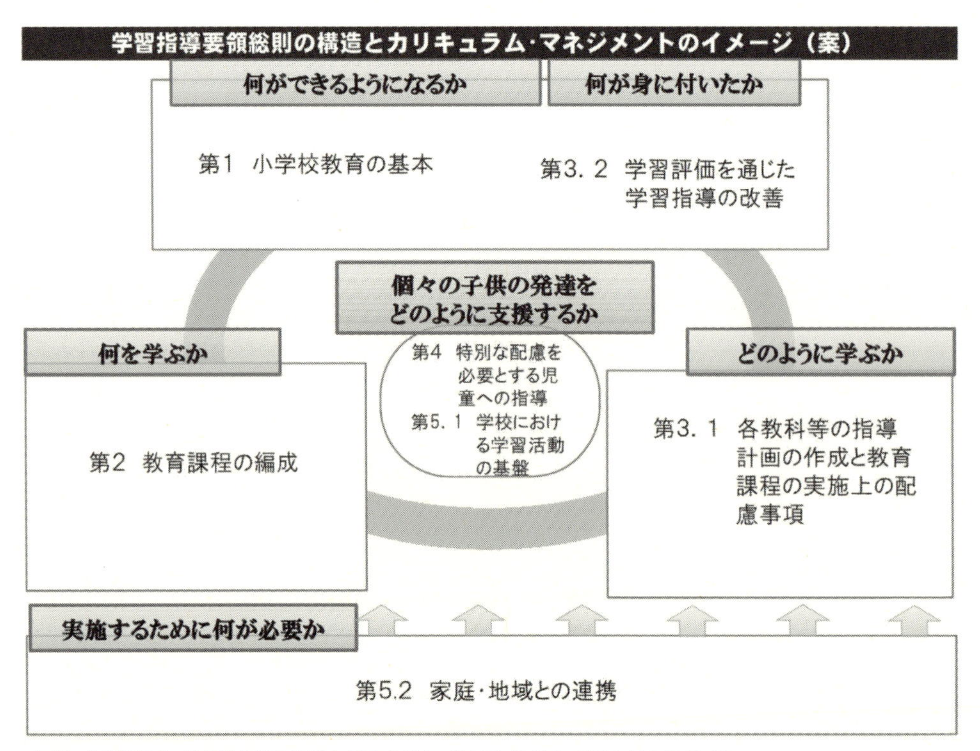

出典）文部科学省 教育課程部会特別支援教育部会 第9回 資料3（2016年5月30日）

や小・中学校とのつながりに留意し，次の点を充実させました。

- 中学部に二つの段階を新設し，各学部間での円滑な接続を図り，小・中学部の段階ごとに目標を設定することで，段階ごとの内容を充実させる。
- 小学校等における外国語教育の充実を踏まえ，小学部において，子どもたちの実態を考慮の上，外国語に親しんだり，外国の言語や文化について体験的に理解や関心を深めたりするため，小学部の教育課程に外国語活動を設けることができることを規定する。
- 知的障害者の子どもたちのための各教科において育成を目指す資質・能力の三つの柱は小学校等の各教科と同じであることを明確に示すとともに，それらとの連続性・関連性を示す。しかし，知的障害の程度や学習状況の個人差が大きいことを踏まえ，特に必要がある場合には，個別の指導計画に基づき，相当する学校段階までの小学校等の学習指導要領の各教科の目標及び内容を参考に指導ができるように定める。

（2）一人一人に応じた指導の充実

視覚障害者，聴覚障害者，肢体不自由者及び病弱者である子どもに対する教育を行う特別支援学校において，子どもの障害の状態や特性等を十分考慮し，育成を目指す資質・能力を育むため，障害の特性等に応じた指導上の配慮や，一人一人の学習状況を一層丁寧に把握します。具体的には，視覚障害では「(5)児童が場の状況や活動の過程等を的確に把握できるよう配慮することで，空間や時間の概念を養い，見通しをもって意欲的な学習活動を展開できるようにすること」，聴覚障害では「(3)児童の聴覚障害の状態等に応じて，音声，文字，手話，指文字等を適切に活用して，発表や児童同士の話し合いなどの学習活動を積極的に取り入れ，的確な意思の相互伝達が行われるように指導方法を工夫すること」，肢体不自由では「(1)体験的な活動を通して的確な言語概念等の形成を図り，児童の障害の状態や発達の段階に応じた思考力，判断力，表現力等の育成に努めること」，病弱では「(3)体験的な活動を伴う内容の指導に当たっては，児童の病気の状態や学習環境に応じて，間接体験や疑似体験，仮想体験等を取り入れるなど，指導方法を工夫し，効果的な学習活動が展開できるようにすること」などです。

(3) 自立と社会参加に向けた教育の充実

幼稚部，小学部の段階からのキャリア教育の充実を図ることを規定し，卒業後の視点を大切にしたカリキュラム・マネジメント（指導内容の検討や，教育活動に必要な地域の様々な資源を活用すること等）を計画的・組織的に行うことを規定しています。

生涯学習への意欲を高めることや，障害を通じてスポーツや文化芸術活動に親しみ，幸福で豊かな生活を営むことができるよう配慮し，障害のない子どもとの交流及び共同学習（心のバリアフリーのための交流及び共同学習）を充実させます。

日常生活に必要な国語の特徴や使い方（国語），数字を学習や生活で生かすこと（算数・数学），身近な生活に関する制度（社会），働くことの意義，消費生活と環境（職業・家庭）など，知的障害者である子どもが自立し，社会参加していくために必要な各教科の内容を教科等横断的な視点で組み立てます。

コラム①

障害者の生涯学習の推進について

障害のある人が，学校卒業後も生涯を通じて教育や文化，スポーツなどの様々な機会に親しむことができるよう，教育施策とスポーツ施策，福祉施策，労働施策等を連動させながら支援していくことを重視して，文部科学省（2017 年）は「**障害者学習支援推進室**」を設置しました。福祉，保健，医療，労働等の関係部局と連携した進学・就職を含む切れ目ない支援体制の整備，障害のある子どもの自立や社会参加に向けた主体的な取り組みを支援する特別支援教育，障害者スポーツや障害者の文化芸術活動の振興等に取り組んでいます。

コラム②

障害者の文化芸術活動の充実〔文化庁〕について

「戦略的芸術文化創造推進事業」では，芸術文化の振興のために推進することが必要な芸術活動や，障害者の優れた芸術活動の調査研究，国内外での成果発表の公演・展覧会の開催等を実施しています。「文化芸術による子供の育成事業」は，特別支援学校の子どもたちに対する文化芸術の鑑賞・体験機会の提供，小・中学校等の児童生徒らに障害のある芸術家等による文化芸術の鑑賞・体験機会を提供しています。「文化芸術創造活用プラットフォーム形成事業」は，地域の文化芸術資源（現代アート・メディア芸術・工芸・障害者芸術など）を活用し，芸術団体や大学及び産業界等と連携して，持続的な地域経済の活性化や共生社会の実現につながる先進的な取り組み等を支援しています。

(4) 新しい学習指導要領改訂のポイント〔幼稚部・小学部・中学部・高等部：各教科〕

幼稚部

「第３　幼稚部における教育において育みたい資質・能力及び『幼児期の終わりまでに育ってほしい姿』」が追加されました。これは，(1)健康な心と体，(2)自立心，(3)協同性，(4)道徳性・規範意識の芽生え，(5)社会生活との関わり，(6)思考力の芽生え，(7)自然との関わり・生命尊重，(8)数量や図形，標識や文字などへの興味・関心，(9)言葉による伝え合い，(10)豊かな感性と表現，について規定しています。

小学部

１）生活における改訂のポイント

これまで別々であった「社会の仕組み」と「公共施設」が合わさって一つとなり，新たに「ものの仕組みと働き」が設けられました。

ア．基本的生活習慣，イ．安全，ウ．日課・予定，エ．遊び，オ．人との関わり，カ．役割，キ．手伝い・仕事，ク．金銭の扱い，ケ．きまり，コ．社会の仕組みと公共施設，サ．生命・自然，シ．ものの仕組みと働き，の 12 の観点を各段階で扱います。

２）国語における改訂のポイント

指導内容が「知識及び技能」と「思考力，判断力，表現力等」に整理されました。小学校と同様に「我が国の言語文化」に関する事項の指導を扱います（１段階：昔話，２段階：童謡，３段階：神話・伝承）。また，「聞くこと・話すこと」「書くこと」「読むこと」の技能ごとに指導を明記しました。

3）算数における改訂のポイント

指導内容が，１段階では「Ａ数量の基礎」「Ｂ数と計算」「Ｃ図形」「Ｄ測定」，２段階以降では「Ａ数と計算」「Ｂ図形」「Ｃ測定」「Ｄデータの活用」のそれぞれ４つの観点に整理されました。また，これまでにはない「数学的活動」といった項目を設け，数学的な楽しさや考え方を養うこととしました。

4）音楽における改訂のポイント

指導内容が，１段階では「Ａ表現・鑑賞」，２段階以降では「Ａ表現」と「Ｂ鑑賞」に整理されました。国歌「君が代」を時期に応じて適切に指導することや，歌唱教材に共通教材（「うみ」「かたつむり」「日のまる」「ひらいたひらいた」「かくれんぼ」「春がきた」「虫のこえ」「夕やけこやけ」）が含められました。

5）図画工作における改訂のポイント

指導内容が「Ａ表現」と「Ｂ鑑賞」に整理されました。

6）体育における改訂のポイント

指導内容が，１段階では「Ａ体つくり運動遊び」「Ｂ器械・器具を使っての遊び」「Ｃ走・跳の運動遊び」「Ｄ水遊び」「Ｅボール遊び」「Ｆ表現遊び」「Ｇ保健」，２段階以降では「Ａ体つくり運動」「Ｂ器械・器具を使っての運動」「Ｃ走・跳の運動」「Ｄ水の中での運動」「Ｅボールを使った運動やゲーム」「Ｆ表現運動」「Ｇ保健」に整理されました。これまでになかったボールを使った運動やゲームと保健に関する内容が新設されました。オリンピック・パラリンピックとも関連させ，遊びや運動を「すること」「知ること」「見ること」「応援すること」などにつながるようにしました。

中学部

1）国語における改訂のポイント

指導内容が「知識及び技能」と「思考力，判断力，表現力等」に整理されました。中学校と同様に「我が国の言語文化」に関する事項の指導を扱います（１段階：俳句，２段階：易しい文語調の短歌や俳句）。また，小学部と同様に「聞くこと・話すこと」「書くこと」「読むこと」の技能ごとに指導を明記しました。

2）社会における改訂のポイント

指導内容が「ア．社会参加ときまり」「イ．公共施設と制度」「ウ．地域の安全」「エ．産業と生活」「オ．我が国の地理や歴史」「カ．外国の様子」に整理されました。

3）数学における改訂のポイント

指導内容が「A数と計算」「B図形」「C測定」「Dデータの活用」に整理されました。また，小学部と同様に，これまでにはない「数学的活動」といった項目を設け，数学的な楽しさや考え方を養うこととしました。

4）理科における改訂のポイント

指導内容が「A生命」「B地球・自然」「C物質・エネルギー」に整理されました。

5）音楽における改訂のポイント

指導内容が「A表現」と「B鑑賞」に整理されました。国歌「君が代」を時期に応じて適切に指導することや，歌唱教材に共通教材（1段階：「うさぎ」「茶つみ」「春の小川」「ふじ山」「さくらさくら」「とんび」「まきばの朝」「もみじ」，2段階：「こいのぼり」「子もり歌」「スキーの歌」「冬げしき」「越天楽今様」「おぼろ月夜」「ふるさと」「われは海の子」）が含められました。

6）美術における改訂のポイント

指導内容が「A表現」と「B鑑賞」に整理されました。

7）保健体育における改訂のポイント

指導内容が「A体つくり運動」「B器械運動」「C陸上運動」「D水泳運動」「E球技」「F武道」「Gダンス」「H保健」に整理されました。オリンピック・パラリンピックとも関連させ，フェアなプレイを大切にするなど，生徒の発達段階に応じて，運動やスポーツを「すること」「知ること」「見ること」「応援すること」などの多様な関わり方について取り扱うようにしました。

8）職業・家庭における改訂のポイント

指導内容が，職業分野では「A職業生活」「B情報機器の活用」，家庭分野では「A家庭・家族生活」「B衣食住の生活」「C消費生活・環境」に整理されました。生徒一人一人のキャリア発達を促していくことを踏まえ，将来の生き方等についても扱うなど，組織的かつ計画的に指導を行います。地域や産業界との連携を図り，実際的な学習活動や就業体験，実習等を計画的に取り入れるようにしました。

9）外国語における改訂のポイント

指導内容が「知識及び技能」と「思考力，判断力，表現力等」に整理されました。

自立活動

【小学部・中学部】

内容の「1．健康の保持」に「(4)障害の特性の理解と生活環境の調整に関すること」が追加されました。

指導計画の作成と内容の取扱いの「2．個別の指導計画に当たっては，次の事項に配慮するものとする」の「(3)具体的な指導内容を設定する際には，以下の点を考慮すること」には，以下が追加されました。

オ．個々の児童又は生徒に対し，自己選択・自己決定する機会を設けることによって，思考・判断・表現する力を高めることができるような指導内容を取り上げること。

カ．個々の児童又は生徒が，自立活動における学習の意味を将来の自立や社会参加に必要な資質・能力との関係において理解し，取り組めるような指導内容を取り上げること。

また，新たに「8．自立活動の指導の成果が進学先等でも生かされるように，個別の教育支援計画等を活用して関係機関等との連携を図るものとする」が追加されました。

高等部〔2018（平成30）年改訂〕

1）最近の知的障害特別支援学校高等部の状況

知的障害者を対象とした特別支援学校では，最近，入学者が増加しています。中学校の特別支援学級に在籍していた生徒，通級による指導を受けてきた生徒も多数入学するようになりました。そのため，生徒の障害の程度や学習の状況に幅があるなど，多様な生徒が入学してきている状況にあるといえます。

一方で，高等部を卒業して一般企業等に就職する生徒の割合も上昇し，卒業生の３割（東京都では４割）が企業に就職しています。

このような状況を踏まえ，高等部においても「学びの連続性を重視した教育」「一人一人の障害の状態等に応じた指導の充実」「自立と社会参加に向けた教育の充実」が求められてきています。

2）各教科の目標や内容

高等部では，従前より各教科の内容は２段階で示されてきました。今回の改訂では，内容に加え，目標も段階ごとに設定されています。それらの目標及び内容は，育成を目指す三つの柱（①知識及び技能，②思考力，判断力，表現力等，③学びに向かう力，人間性等）に基づき設定されています。また，小学部，中学部からの目標の系統性と内容の系統性が重視されています。

3）指導計画の作成と内容の取扱い

前述のような高等部生徒の多様化を踏まえ，高等部の各教科で示された目標及び内容が

コラム③

Specialプロジェクト2020〔スポーツ庁〕について

2020年オリンピック・パラリンピック東京大会のレガシーとして共生社会を実現するために，2020年に全国の特別支援学校でスポーツ・文化・教育の全国的な祭典を開催するためのモデル事業や，特別支援学校等を活用した地域における障害者スポーツの拠点づくり事業等を実施しています。具体的には，特別支援学校を拠点とした障害者の地域スポーツクラブの設立を支援するほか，「Specialプロジェクト2020体制整備事業」において，都道府県または指定都市が地域実行委員会を開催し，Specialプロジェクト2020の体制の検討や特別支援学校で行われる運動会，文化祭に関する情報収集を行いながら，スポーツ教室や文化・アート教室の開催等の実践研究を実施します。

習得されている場合，必要に応じて，個別の指導計画に基づき，高等学校段階までの学習指導要領に示す各教科の目標・内容等を参考にして，指導目標や指導内容を設定することができることが示されました。

3．知的障害児教育におけるこれまでの課題とこれからの実践に向けて

各教科の改善・充実に向けて各教科の意義について，以下の３点から整理されました。

①知的障害のある子どもにみられる学習上の特性（学習によって知識や技能が断片的になりやすく，実際の生活の場で応用されにくいことなど）を踏まえた内容で構成する必要。
②子ども一人一人の障害の程度に応じた教育課程が編成できるよう，学習指導要領において，段階別に，各教科の目標及び内容を大綱的に示した。
③特に必要がある場合，各教科等を合わせて指導を行い，子どもが自立し社会参加するために必要な知識や技能，態度などを身につけるための指導の形態を採用していく。

これまでの知的障害児教育における様々な実践や取り組みの中で得られた成果で最も強調されてきたのは，「生活に結びついた具体的・実際的な学習活動を継続的に行うことにより，身についた知識や技能等が卒業後の自立と社会参加に生かされていることが多かった」とされています。そして，これまで課題として指摘されてきた「各教科等を合わせて指導を行う場合，各教科の目標・内容を関連づけた指導及び評価の在り方があいまいになりやすく，学習指導の改善に十分に生かしにくい」「特別支援学級（小・中学校）において，一部又は全部を，特別支援学校（知的障害）の各教科に替えて指導する場合の教育課程編成上の留意点がわかりにくい 」「インクルーシブ教育システムの構築の進展を踏ま

え，連続性のある『多様な学びの場』における子どもたちの十分な学びを確保していく観点から，小・中・高等学校と特別支援学校（知的障害）の各教科の関連性の整理，教育課程の円滑な接続が求められていた」という点については，2017年学習指導要領の改訂やそこに至る論議の中で，以下に示すように明確化・具体化が図られました。

〔掲げられた具体的な改善・充実の視点〕
- 育成を目指す資質・能力との関連を踏まえた各教科の目標の見直し
- 社会の変化に対応した各教科の内容や構成の充実
- 知的障害のある子どもが質の高い深い学びを実現するために必要な指導方法の充実
- 観点別学習状況評価の導入と多様な評価方法の活用
- 特別支援学級（小・中学校）における取扱い，小・中・高等学校の各教科の目標や内容との連続性・関連性の整理

しかし，実際の学校教育フィールドにおける指導・支援の方法や授業つくり，教育課程といった実際的・具体的な教師・学校の実践レベルを鑑みると，細かい点について明確・詳細化がなされているとは必ずしもいえません。

また，自立活動の改善・充実の方向性として以下の３点が掲げられ，改訂が進められました。

- 発達段階を踏まえた自立活動の内容の改善や充実
  （自己の理解や感情を高めるような内容の整理，主体的に学ぶ意欲の一層の伸長など）
- 実態把握，指導目標の設定，項目の選定，具体的な指導内容の設定までのプロセスをつなぐポイントをわかりやすく記述
  （収集した情報の整理，困難さの背景に着目した指導課題の関係性等の整理，優先する指導目標の明確化など）
- 自立活動における多様な評価方法をわかりやすく記述
  （パフォーマンス評価，自己評価など）

一方，学習指導要領を踏まえた教育内容や指導の形態などの学校フィールドにおけるカリキュラム・マネジメントについて，「教育課程」と「指導計画」の接続について整理しようとする取り組みが進められています。そこには，２つの作成段階（過程）として，①学習指導要領に基づく「教育内容」を明確にするべく核となる教育課程の明確化，②「教育内容」を踏まえて「指導計画」を作成する段階（実施するカリキュラムの作成），というものです。

実際の核となる教育課程の明確化は，「学校教育目標」（卒業後の視点から学校教育を考え

る）→「目指す児童生徒像」「卒業までに身につけてほしい力」「各学部の教育目標」（皆で共有する姿／身につけてほしい力）→「各学部の教育課程編成〔指導内容の選択，指導内容の組織，授業時数を配当〕」（学習指導要領に基づき，身につけてほしい力を育むための指導内容等の検討）です。また，指導計画作成の過程の実際は，「個別の教育支援計画」（児童生徒個人の目指す姿／育てたい力）→「個人の学びの履歴」→「個別の指導計画」における「各教科等の実態把握」「各教科等の目標・内容の明確化（指導内容の精選・指導の重点化）」「育成を目指す資質・能力の三つの柱に沿った学習評価の整理（知識・技能（何を知っているか，何ができるか）／試行・判断・表現（知っていること，できることをどう使うか）／主体的に学習に取り組む態度（どのように社会・世界と関わり，よりより人生を送るか））」→「評価方法の明確化」→「本時の授業」→「評価」→「学期ごとの達成状況」です。この過程の中で，「指導・学習方法の明確化」（主体的・対話的で深い学びであるアクティブ・ラーニング）を導入していくものです。

学校教育目標

〔育成を目指す資質・能力／目指す子ども像の明確化／卒業までに身につけてほしい力の検討〕

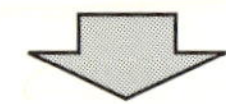

各教科等の目標・内容等

(1) **指導内容の選択**

〔基礎的・基本的な指導内容の明確化／指導内容の精選・重点を置くべき指導内容の明確化〕

(2) **指導内容の組織**

〔発展的・系統的に指導内容を配列・組織／各教科等間の指導内容の相互の関連〕

(3) **授業時数の配当**

〔各教科等の年間授業時数を定める／学期・月・週ごとの各教科等の授業時数を定める／各教科等の授業の１単位時間を適切に定める〕

①教育内容を明確にする過程（核となる教育課程の明確化）

指導の形態ごとに指導計画の作成

(1) **指導形態の選択**

〔各教科等別指導，各教科を合わせて指導，各教科等を合わせて指導〕

(2) **指導内容の組織，時数の配分**

〔年間計画，学期計画，月・週計画，単元（題材）計画など〕

(3) **時間割の編成**

〔学習グループ，指導体制の検討〕

(4) 個別の教育支援計画，個別の指導計画の作成

②指導計画を作成する過程（実施するカリキュラムの作成）

（橋本創一・尾高邦生）

▶▶▶ 第2フェーズ ◀◀◀

教育課程改革と授業つくり

ナビゲーション

Key Words

学習指導要領の変遷，系統主義，経験主義，教育課程，
カリキュラム・マネジメント，特色ある教育課程，授業つくり，
アクティブ・ラーニング，わかる授業と楽しい授業，個別化，
協同学習，目標，単元，授業の流れ，教育評価

1．学習指導要領の変遷

学習指導要領は，1947（昭和22）年に「教科課程，教科内容及びその取扱い」の基準として初めて出されて以来，② 1951（昭和26）年，③ 1958（昭和33）年，④ 1968（昭和43）年，⑤ 1977（昭和52）年，⑥ 1989（平成元）年，⑦ 1998（平成10）年，⑧ 2008（平成20）年，⑨ 2017年（平成29年）の9回にわたり改訂が行われました。ほぼ10年ごとに改訂されてきています。

改訂に際しては，簡単にいえば，「系統主義（教科カリキュラム）」と「経験主義（経験カリキュラム）」の間で議論が揺れ動いてきた経緯があります。系統主義とは，知識・理解や技能の系統を重視する教育であり，学校で教える教育内容は，科学や学問の成果であるべきだとし，段階を追って系統的に指導するものです。教育内容・教材を系統的に教えるものといえます。一方，経験主義は，児童生徒の興味関心や発想を生かしながら，課題に対して体験的な学習を展開して身につけさせようとする考え方です。学ぶ方法を教える，教材で教えるものといえます。両者は対立するものではなく，その方法論に違いがあり，両者が一体となって教育の成果を上げていくという考え方が一般的です。2017（平成29）年の改訂は，「教育内容（何ができるようになるか・何を学ぶか：確かな学力の育成）」と「教育方法（どのように学ぶか：主体的・対話的で深い学びによる授業改善）」の各々を重視し，その具現化として各学校におけるカリキュラム・マネジメントを強調しています。

一方，特別支援学校の学習指導要領（2003〈平成15〉年までは盲学校，聾学校及び養護学校の学習指導要領）の改訂の経緯は，盲学校及び聾学校について1957（昭和32）年に小・中学部，1960（昭和35）年に高等部に関わる最初の学習指導要領が作成されました。養護学校については，1963・64（昭和38・39）年に小・中学部，1972（昭和47）年に高等部に関わる学習指導要領が出されたのが最初でした。以来，これまでに，盲・聾学校は5回，養護学校は4回の改訂が行われました。そして，2009（平成21）年において特別支援学校学

年版	改訂のポイント	キーワード
1958年（昭和33）	教育課程の基準としての性格の明確化（道徳の時間の新設，基礎学力の充実，科学技術教育の向上等）［系統的な学習を重視］	告示（法的拘束力），道徳，科学技術教育
1968年（昭和43）	教育内容の一層の向上（「教育内容の現代化」）（時代の進展に対応した教育内容の導入）（算数における集合の導入等）	現代化，特別活動，愛国心
1977年（昭和52）	ゆとりある充実した学校生活の実現＝学習負担の適正化（各教科等の目標・内容を中核的事項にしぼる）	ゆとりと充実，選択教科，習熟度別学級
1989年（平成元）	社会の変化に自ら対応できる心豊かな人間の育成（生活科の新設，道徳教育の充実）	新しい学力観，体験的学習，問題解決的な学習，生活科，国旗，国歌
1998年（平成10）	基礎・基本を確実に身につけさせ，自ら学び自ら考える力などの「生きる力」の育成（教育内容の厳選，「総合的な学習の時間」の新設）　＊2003（平成15）年一部改正	生きる力，週5日制，総合的な学習の時間，基準性の明確化，習熟の程度に応じた指導，個に応じた指導
2008年（平成20）	「生きる力」の育成，基礎的・基本的な知識・技能の習得，思考力・判断力・表現力等の育成のバランス（授業時数の増，指導内容の充実，小学校外国語活動の導入）	確かな学力，知識・技能の習得，思考力・判断力・表現力

習指導要領（2006〈平成18〉年の学校教育法等の一部改正により盲・聾・養護学校から障害種別を超えた特別支援学校とする）と替わり，2017（平成29）年が2回目の改訂となります。盲学校，聾学校及び養護学校（特別支援学校）学習指導指導要領の制定以前は，幼稚園の保育内容，小学校及び中学校の教科，高等学校の教科及び学科を準用していました。養護学校の学習指導要領について見ていくと，①1963・64（昭和38・39）年の学習指導要領（養護学校）の制定以来，②1971・72（昭和46・47）年の学習指導要領の改訂（盲学校，聾学校及び養護学校；教育課程上で共通のものとして「養護・訓練」が新設され，各教科，道徳，特別活動，養護・訓練の4領域で編成），③1979（昭和54）年の盲・聾・養護学校学習指導要領の改訂（学校種別の学習指導要領を一本化し，小学部から高等部まで同時に改訂），④1989（平成元）年の盲・聾・養護学校学習指導要領の改訂（小・中学部及び高等部とともに新たに幼稚部教育要領を制定），⑤1999（平成11）年の盲・聾・養護学校学習指導要領改訂（幼稚部教育要領，小・中学部及び高等部の学習指導要領を同時に改訂），⑥2003（平成15）年の盲・聾・養護学校学習指導要領の一部改正，⑦2009（平成21）年の特別支援学校学習指導要領の改訂，⑧2017（平成29）年の特別支援学校学習指導要領の改訂，の8回目の改訂（一部改正含む）となります。

また，1971・72（昭和46・47）年の学習指導要領の改訂の際に，精神薄弱養護学校小学部において，著作教科書（ほし本）こくご，かずのほん，おんがく ／ ☆　☆☆　☆☆☆が改訂されました。そして，法律用語としても使われてきた「精神薄弱」は不適切用語であるとして，1999（平成11）年から「知的障害」に改められました。それを受けて，精神薄弱養護学校から知的障害養護学校へと変更されました。

2008・09（平成20・21）年の改訂では，中央教育審議会の答申（2008〈平成20〉年）に示

1963・64年 (昭和38・39)	肢体不自由教育編，病弱教育編，精神薄弱教育編と分けて学習指導要領が通達 〈精神薄弱養護学校〉①教育内容の示し方を，従前の**6領域から各教科等に**分類．②教育課程編成の特例を明記（**領域・教科を合わせた指導**）
1971・72年 (昭和46・47)	①**教育目標を各障害別に**明確化．②心身の障害の状態を改善・克服するための特別の指導分野として「**養護・訓練**」の領域を新設（教科「体育（保健体育）・機能訓練」，「養護・体育（保健体育）」の廃止）．③精神薄弱養護学校の各教科について**独自の教育目標・内容を示す**とともに**小学部の教科として「生活」**を新設．④重複障害者等に係る教育課程編成の弾力化（下学年の内容と代替，各教科等の一部に代えて「養護・訓練」を主とした指導など）
1979・80年 (昭和54・55)	①**重複障害児等に係る教育課程**の一層の弾力化（精神薄弱養護学校の教科との代替，各教科に代えて**「養護・訓練」を主とした指導**など）．②小・中学部の**訪問教育**に係る教育課程編成の特例を明記．③「養護・訓練」の授業数の卒業単位数への換算．④養護学校高等部（精神薄弱を除く）における**職業教育**に関する標準的な教科・科目の明記
1989・90年 (平成元・2)	①**幼稚部教育要領**を作成．②各教科の指導上の配慮事項の充実．精神薄弱養護学校小学部の各教科の内容について，**発達段階に応じて3段階**で明記．③「養護・訓練」の内容の再構成．④養護学校高等部の標準的な学科を明記，精神薄弱養護学校高等部の**職業に関する学科の新設及び専門学科**に係る事項の明記
1999・2000年 (平成11・12)	○**障害の重度・重複化への対応**；①「養護・訓練」の名称を「**自立活動**」に変更するとともに，目標，内容を改善．**個別の指導計画の作成**について規定．②**高等部の訪問教育に係る**規定を整備 ○早期からの適切な対応；①幼稚部において，3歳未満の乳幼児を含む教育相談に関する事項を新たに規定．②重複障害幼児について，指導上の留意事項を新たに示すとともに，指導計画作成上の留意事項を充実 ○職業的な自立の推進等；①知的障害養護学校において，中学部及び高等部に「**外国語**」，また高等部に「**情報**」「**流通・サービス**」をそれぞれ選択教科として新設．②盲学校や聾学校の専門教科・科目について，科目構成の大綱化及び内容の範囲等を明確化．③**交流教育**について，その意義を一層明確に規定
2003年 (平成15)	①学習指導要領の基準性を踏まえた指導の一層の充実 ②**総合的な学習の時間**の一層の充実
2008・09年 (平成20・21)	○障害の重度・重複化，多様化への対応；①障害の**重度・重複化**，**発達障害**を含む**多様な障害に応じた指導**の充実のため，「自立活動」に「他者とのかかわりの基礎に関すること」などを規定．②重複障害者の指導で教師間の協力した指導や**外部の専門家の活用**を規定 ○一人一人に応じた指導の充実；①すべての幼児児童生徒に「**個別の指導計画**」の作成を義務付け．②学校，医療，福祉，労働等の関係機関が連携し，一人一人のニーズに応じた支援を行うため，すべての幼児児童生徒に「**個別の教育支援計画**」の作成を義務付け ○自立と社会参加に向けた職業教育の充実；①特別支援学校（知的障害）の職業教育を充実するため高等部の**専門教科「福祉」**を新設．②**地域や産業界と連携**し，職業教育や進路指導の充実を図ることを規定 ○交流及び共同学習の推進；①障害のある子どもとない子どもの**交流及び共同学習**を計画的・組織的に行うことを規定

された基本方針に基づき，初めて，幼・小・中・高等学校等における特別支援教育について，幼稚園・小学校・中学校の学習指導要領やその解説書の中に記述が載り，以下の5点が教育課程において強調されました。

1．小・中学校の特別支援学級及び通級による指導について
2．幼稚園，小学校，中学校，高等学校等の通常学級における指導の充実について

（「校内委員会」「特別支援教育コーディネーター」の校内支援体制の整備）
3．特別支援学校のセンター機能の活用について
4．交流及び共同学習について
5．教師の専門性の向上や教育条件の整備について

これを受けて，各々の学校における教育課程の整備や実践が展開され，10年ほどが経過しました。引き続き，より一層の充実を推進することに加え，不十分な側面や時代に応じた新たな課題へのアプローチが求められました。

2017・18（平成29・30）年の改訂で，「障害のある子どもたちの学びの場の柔軟な選択を踏まえ，幼稚園，小・中・高等学校の教育課程との連続性を重視」として，特に，知的障害のある子どものための各教科等の目標や内容について，育成を目指す資質・能力の三つの柱に基づき整理されました。その際，各部や各段階，幼稚園や小・中学校とのつながりに留意し，次の点を充実させました。①中学部に二つの段階を新設，小・中学部の各段階に目標を設定，段階ごとの内容を充実，②小学部の教育課程に外国語活動を設けることができること，③知的障害の程度や学習状況等の個人差が大きいことを踏まえ，特に必要がある場合には，個別の指導計画に基づき，相当する学校段階までの小学校等の学習指導要領の各教科の目標及び内容を参考に指導できるように規定されました。

また，「障害の重度・重複化，多様化への対応とする一人一人に応じた指導の充実」として，特に，発達障害を含む多様な障害に応じた指導を充実するため，自立活動の内容として，「障害の特性の理解と生活環境の調整に関すること」などが規定されました。

加えて，「卒業後の自立と社会参加に向けた教育の充実」として，①卒業後の視点を大切にしたカリキュラム・マネジメントを計画的・組織的に行うこと，②幼稚部，小学部，中学部段階からのキャリア教育の充実を図ること，③生涯学習への意欲を高めることや，生涯を通じてスポーツや文化芸術活動に親しみ，豊かな生活を営むことができるよう配慮すること，④障害のない子どもとの交流及び共同学習を充実（心のバリアフリーのための交流及び共同学習），⑤日常生活に必要な国語の特徴や使い方〔国語〕，数学を学習や生活で生かすこと〔算数，数学〕，身近な生活に関する制度〔社会〕，働くことの意義，消費生活と環境〔職業・家庭〕など，知的障害者である子どものための各教科の内容を充実，が規定されました。

2．近年の教育課程

教育課程（カリキュラム）とは何か。curriculumの訳語であり，学習指導要領解説・総則編に，「学校教育の目的や目標を達成するために，教育の内容を子どもの心身の発達に応じ，授業時数との関連において総合的に組織した学校の教育計画」とされています。授

業だけではなく，順序立てて総合的に組織した教育計画のことです。日本の小・中・高等学校や特別支援学校の教育課程は，学習指導要領を基準として，学校ごとに作成されます。一方で，私立学校も含めて，地域性や様々な状況，教育観，教育の場所の現実的諸条件，児童生徒の発達水準や学習能力などにより種々の形態がとられます。つまり，教育課程の変遷は，学習指導要領の変遷をたどることと，各学校の設置や地域性，在籍する児童生徒らの状況などに応じて，様々な違いがあります。

教育課程つくりとして，児童生徒の学びの経験を学校全体としての教育計画として整理されますが，実は，計画（意図）されたカリキュラム（学習指導要領に基づくもの）はあくまでも計画であって，実際に指導されるものはその意図や実際と異なることも理論上は想定されます。つまり，実施されたカリキュラム（学校や教師によって実際に指導された内容）によって，実現されたカリキュラム（児童生徒において実現された学習内容や獲得されたもの）は違うかもしれません。ここでいう意図されたカリキュラムとは，学習指導要領に基づく教育課程編成の基準や手引き，編成事例（各地の教育委員会が学習指導要領に基づいて学校レベルの教育内容の計画を作成するための指針やモデル事例）などに提示されたものです。そこで，「目標」「計画」「達成」「評価」という定式化の中で，とりわけ「計画」と「評価」が重視されています。

現代的カリキュラム論の中では，「目標」について，①行動的側面（児童生徒の発達を促す行動），②内容的側面（機能すべき内容や生活領域），の二軸で表現されるとされてきました。

また，近年における教科等の目標の表現の仕方は，大きく２種類に区別できます。１つは，「方向目標」といわれる「学習者に期待される能力や心身の活動の望ましい変化の方向を示す（「～に関心をもつ」「～に意欲的に取り組む」など）もの」です。２つめは，「到達目標」とされる「学習者にどのような知識・技能を獲得し，どのような学力を示す（「～がわかり，～ができる」など）こと」が求められているのかを示すものです。方向目標には，何がわかり，何ができれば，その目標が達成されたことになるかが不明瞭であるという指摘があります。一方の到達目標は，具体性が高く，単元・題材目標，本時（１時間）単位での目標に加えて，より細かい教材目標を設定して授業を展開することが期待されています。

そして，「評価」については，学習集団の中での位置に準拠した評価（相対評価）から，目標に準拠した評価（絶対評価）が重要視されるようになります。「目標に準拠した評価（絶対評価）」は，学習指導要領に示す目標がどの程度実現したか，その実現状況を見る評価のことを指します。一方，「集団に準拠した評価（相対評価）」は，学年学級などの集団においてどのような位置にあるかを見る評価のことを指します。また，「個人内評価」は，児童生徒ごとのよい点や可能性，進歩の状況などを積極的に評価しようとするものです。例えば，WISC-Ⅳなどの知能検査の結果における個人内プロフィールで，その個人において言語理解は弱いものの知覚推理は高いとする結果解釈や，学力テストにおける計算・数量は得意な一方で図形や文章題が苦手であるという，長所短所や優劣などを十分に吟味して支援に役立てましょうという考え方にも通じるものです。各学校においては，目標に準拠した評価を一層重視するとともに，個人内評価を工夫することが求められます。

基礎的・基本的な内容の確実な定着を図る観点から，児童生徒が学習指導要領に示す内容を確実に習得したかどうかの評価を一層徹底する必要があり，そのためには，目標に準拠した評価が優れているとされています。そして，習熟の程度に応じた指導や個に応じた指導を一層重視していく中で，学習集団の編成も多様となることが考えられるため，指導に生かす評価の観点からも目標に準拠した評価を常に行うことが重要となります。特に，知的障害のある児童生徒の教育の場合，その学習集団は少人数であり，多様な支援ニーズのある者がいることから，評価の客観性や信頼性を確保するうえで，集団に準拠した評価よりも，目標に準拠した評価の客観性を高める努力をし，その具現化を図ることが必要となっています。

「カリキュラム・マネジメント」とは，各学校が学習指導要領などを受け止めつつ，子どもたちの姿や地域の実情などを踏まえて，各学校の教育目標を実現するために，どのような教育課程を編成し，どのようにそれを実施・評価し改善していくのかという経営・管理のことです。つまり，学校がうまくいくように効果的な手を打つことといえるでしょう。

2017（平成29）年学習指導要領の改訂で，社会に開かれた教育課程の実現を通じて子どもたちに必要な資質・能力を育成するという新しい学習指導要領等の理念を踏まえ，これからの「カリキュラム・マネジメント」について，以下の３つの側面から捉えられました。

⑴ 各教科等の教育内容を相互の関係で捉え，学校の教育目標を踏まえた教科横断的な視点で，その目標の達成に必要な教育の内容を組織的に配列していくこと。
⑵ 教育内容の質の向上に向けて，子どもたちの姿や地域の現状等に関する調査や各種データ等に基づき，教育課程を編成し，実施し，評価して改善を図る一連のPDCAサイクル〔Plan（計画）→Do（実行）→Check（評価）→Act（改善）の４段階を繰り返すことによって業務を継続的に改善するサイクル〕を確立すること。
⑶ 教育内容と教育活動に必要な人的・物的資源等を，地域等の外部の資源も含めて活用しながら効果的に組み合わせること。

「主体的・対話的で深い学びであるアクティブ・ラーニング」と「カリキュラム・マネジメント」は，授業改善や組織運営の改善など，学校の全体的な改善を行うための鍵となる２つの重要な概念として位置づけられました。

ところで，「特色あるカリキュラム開発」という用語を教育界でよく耳にします。1998（平成10）年の教育課程審議会答申で「各学校において創意工夫を生かした特色ある教育課程を編成・実施し，特色ある学校づくりを進めていくことが特に求められる」と指摘されました。学習指導要領においても，各学校が創意工夫を生かし，特色ある教育活動を展開することが繰り返し強調されてきました。近年，学校に対する規制緩和が進んでおり，特色ある学校づくりは拡大されています。学校が組織として主体性をもち，環境の変化や特質を敏感に捉えるとともに，学校の内部に多様なアイデアを保持し，それを活用していく体制が求められます。例えば，文部科学省による事例紹介に見られたものとして，「教職員間の協働づくりや校内組織の活性化」「教育課程開発，授業づくりや生徒による授業評価」「学校組織マネジメントの導入や学校自己評価システムの構築」「開かれた学校づくりや保護者・地域連携づくり」などに力点を置いた学校づくりがありました。総じて，「児童の実態」「地域の実態」「豊かな発想」「組織的・弾力的な」といったキーワードによるカリキュラム開発とその展開・効果を検証しようとするものでした。

こうした変遷や動向を受けて，知的障害のある児童生徒の教育や特別支援学校・学級においては，以下の視点に立ったカリキュラム開発研究が期待されます。

- 主体的・対話的で深い学びであるアクティブ・ラーニングによる授業改善に力点を置く。
- 子どもたちが何を学び，何ができるようになったか（学習評価）に力点を置く。
- 障害の重度・重複化，多様化への対応とする一人一人に応じた指導に力点を置く。
- 卒業後の自立と社会参加に向けたキャリア教育の充実に力点を置く。
- 生涯学習（スポーツや文化芸術活動など）への意欲を高めることに力点を置く。
- 交流及び共同学習の充実（心のバリアフリーのための交流及び共同学習）に力点を置く。

こうした視点の具現化や方法について，その例示（キーワード）に，ICT（情報通信技術）活用，多様な学習形態（グループ学習，話し合い，プレゼンテーション，など），授業つくり，学習達成の自己評価・授業評価・教師の評価，保護者との連携，個別の指導計画・個別の教育支援計画，子ども理解，エビデンスベースによるアセスメント，外部専門家の活用（アセスメント，専門的指導，など），医療機関との緊密な連携，言語コミュニケーション支援，学校不適応への対応，問題行動への指導法，キャリア発達とキャリア教育，卒業後の生活と社会参加，移行支援計画，ICF（International Classification of Functioning, Disability and Health：国際生活機能分類）モデルに基づく障害者支援，インクルーシブ教育，障害児理解教育の推進，などがあげられます（本書第Ⅱ部を参照）。

3．授業つくり

授業とは，学校教育などにおいて，教師が学問や技芸（知識，技能）を児童生徒に教育する（習得させる）ために行う活動です。授業は，児童生徒たちの集団を対象とすることから，授業における「個別化」と「協同化」をどのように組織するのかを考える必要があります。そして，授業は，文化や学習内容を担う「教材」を媒介として，教師と児童生徒らが相互作用しつつ，学習していくダイナミックな営みといわれています。授業の構成要素として主要なものは，①授業で目指す目標，②授業のテーマ内容に基づく教材・教具，③児童生徒の学習活動を組織し展開する指導方法（教授の方法），④何をどのくらい学んだかという教育評価，です。

よい授業の条件として，「わかる授業」と「楽しい授業」という２つの指標がよく使われます。この両者が調和することがよい授業と考えられましたが，一方で，互いに相容れない面があり，実践家である教師にとっては大きな論点とされています。板倉（1979）は，「楽しい」と「わかる」による４つの組み合わせパターン（「楽しくてわかる」「楽しいがわからない」「楽しくないがわかる」「楽しくなくてわからない」）の授業の中で，最悪のパターンは「楽しくないがわかる」だと述べています。楽しくなくともわからせてしまう授業は，子どもの生きる喜びとは無縁で，人権侵害であると批判しています。「楽しい授業」とは，わからせるために楽しくするのではなく，「楽しさそのものが目的」となる授業だと示されました。先年は，わかる授業の否定の上に楽しい授業が提起されていました。

授業における楽しさとは，手段ではなく，目的そのものであるとされています。その楽しさには２種類あり，１つは学習対象である教科等の活動・教材そのものが「楽しい／面白いもの」（興味関心の高さ）という点に求められ，２つめは学習者である児童生徒が授業設定や展開の中で主体的に動き活動する「楽しさ」（意欲）です。この楽しさは，知的障害児教育の指導の形態である「遊びの指導」と「生活単元学習」（後述）にも通じるものがあります。児童生徒の興味関心や生活経験を重視し，わからせようとする押しつけを極力排除して，主体的・意欲的に活動することで結果的に何かをつかむことが楽しい授業とするものです。したがって，評価においても，わかること（達成）の質を不問にして，楽しさ（主体性）によって取り組む児童生徒の姿から認識や学習の質を評価するように考えました。例えば，問題提起に基づく調べ学習（問題解決）や仮説実験授業（探究），ディベート（討論）などの主体的・対話的な展開が中心になり，こうした点ではアクティブ・ラーニングの要素が従来からよい授業のあり方として取り上げられてきました。

児童生徒の学習意欲（動機づけ）と授業について考える際，市川（1998）は，子どもたちに何のために勉強するかという問いをして得られた答えから，「内容関与的動機」として「充実志向（学習自体が楽しい）」「訓練志向（知力をきたえるため）」「実用志向（仕事や生活にいかす）」と，「内容分離的動機」として「関係志向（他者につられて）」「自尊志向（プライドや競争心から）」「報酬志向（報酬を得る手段として）」があると唱えています。授業つくりの観点から見れば，「充実志向」の「学習自体が楽しい」「もっと深く知りたい」といった学習動機が生じるようにするべきでしょう。授業者である教師は，学習者である子どもたちの特性を把握したうえで，上記の様々な動機の性質（学習内容の重要性，学習の功利性の大小・重視軽視によって異なる）を考慮する必要があります。例えば，知的障害のある児童生徒の中には，功利性を重視して報酬志向や実用志向によって学習意欲が高まる者や，仲よしの友達の影響（関係志向）から楽しさを感じる場合が多くあります。個々の児童生徒や学習集団などをより深く理解することが求められます。

どのような学級や学習集団の中でも，児童生徒間の能力差・学力差は少なからず存在しており，特に知的障害児の場合は発達段階の違いや障害特性による支援ニーズが一人一人違います。こうした児童生徒らが授業に参加している状況への対応の一つとして，「授業の個別化」の実践があります。ただし，そこには，①一人一人の学習ペースや適性に合わせた到達すべき目標レベルの個別化，②学力差や達成の違いは支援方法・工夫によって改善できるという前提のもとに指導・支援の個別化，という２種類の「個別化」があります。障害がある児童生徒を含めた学習集団（一人に限らず，複数，全員など）の場合は，その障害程度の差，重度・重複化，多様化への対応として，授業における個別化の両者（目標の個別化，指導・支援の個別化）を取り入れることが少なくありません。

一方，個別化と対比する「協同化」「協同学習」は同一年齢集団が組織化される場合に最も実践されている授業スタイルです。学習は知識や概念を単に受容するという消極的なものではなく，知識・概念を再構成・再創造する過程であり，同化（内容の反映）と調節（内容の構成）が同時に進行する能動的でダイナミックな過程であるとされています。集団活動を通して，自分との対話，または他者との対話を通じて，知識や概念の理解を深めていきます。協力して調べる，他者意見の傾聴，対話や話し合いなどを通じて，学習集団による集団思考を組織し，過去の学習や経験からの既有の認識を問い直し，創り直しながら，新たな知識・概念を獲得するという深い学びにつなげていきます。こうした点を鑑みると，授業つくりにおけるアクティブ・ラーニングにおいて，あらためて協同学習との関係性を考える必要があるでしょう。

「単元」という用語が授業では用いられます。これは，教科の内容や教材の一つの単位，具体的には教科書の一つの章のようなまとまりの内容を指すと考えられています。教科内容・教材のひとまとまりの単位（くり下がりの引き算，商店街をしらべよう，など）を教材単元，児童生徒にとって意味のある活動・経験を中心に単元構想したもの（お店屋ごっこ，お泊まりに行こう，など）を経験単元と呼びます。しかし，簡単にはこの２つに分けることができない学習活動も多く，児童生徒が自ら探究したり解き明かす中で教科の内容や教材に取り組むように組織化されることが授業では大切です。そこで，教材と活動・経験が選択・組織される際の計画の単位を「単元」と捉える考え方もあります。また，単元も授業の構造要素と同じように，目標→達成→評価という枠組みで考えられています。しかし，佐藤（1999）は，主題・探究・表現という様式からデザインし，活動的で協同的で反省的な学びを一つの単元とするべきだと唱えています。つまり，教師が設定した目標を押しつけるのではなく，主題を提示することで子ども自らが目標を考える。そして，調べ学習や話し合いなどの探究的な活動を計画し，教師の評価とともに子どもたち自らが互いに感想文や言葉で表現して相互評価・自己評価することで達成がどのように受け止められているかを見ていくものです。

授業は，時間的推移に沿った一定の区切り（教授段階）から「導入―展開―終結・まとめ（整理）」という３段階をとることが一般的です。導入には，①関心を高めて誘導する，②学習活動に向けてあらかじめ児童生徒の知識などを診断する，③活動や課題を説明する，の３点の役割があります。児童生徒に意外性や面白いエピソード，疑問を呼び起こすなどの効果的な工夫をすることで，教師が教えたいものを提示することから，児童生徒が学びたいものを知ることに転化できます。本格的な学習活動を行う場面が展開です。ベテラン教師は，「ヤマ場」と称する「最も盛り上がる」「未知の課題への攻略」「本質に迫る瞬間」などがつくれるかどうかがポイントだと言います。ここで重要視されるのが，児童生徒の「集中」であり，自然に引き込まれ他のことが気にならない状態（内的集中）で取り組んでくれるかどうかです。教師が大声で指示して注目させるもの（外的集中）とは違います。この内的集中を生み出すことで，深い思考と知識・技能の獲得を支え，その充実した体験自体が児童生徒を育てていくとされます。一方で，児童生徒の集中は長時間持続することが難しいために，いかに「ヤマ場」と内的集中を一致させる工夫を凝らすか，課題を明確化させ続けられるか，児童生徒の追求や話し合いをつないでいくか，などが教師の授業テクニックにかかってきます。授業の最後の場面である「終結・まとめ（整理）」は，学びのプロセスを振り返ったり，到達点を確認したり，次の学習に意識をつなげたりする段階です。教師のみが一方的に学習活動の流れを確認し，児童生徒の達成について評価することでは，児童生徒の学習の振り返りとはいえないという批判があります。授業における目標と照らして，それが達成されたかどうかを児童生徒自身が自己評価し，教師や友達による他者評価を取り入れながら学びの振り返りをすることが教育評価であり，次の学習に生かされていきます。

授業における教師の言葉（指導言）は，その目的に応じて，発問，説明，指示，助言があります。教師の話し言葉は，単に声が聞こえ相手に情報が伝わるだけではなく，相手の身体に届く声であるべきです。クラスという集団に対してでなく，一人一人に向かって語りかけ，児童生徒の相づちや表情を受け止め，応答的な関係のもとで学びを触発できるものです。発問は，わかっている教師がわかっていない児童生徒に投げかける問いであり，日常会話の知らないことを知っている人に質問するものとは対照的です。そこには作為性があり，教師は発問の目的を明確に自覚しておくべきであり，行う際には児童生徒らの応答をあらかじめ予想しておくことが重要です。一方，授業における教師の働きかけには，言葉を介するものだけでなく，表情や身振り，身体表現などによる非言語コミュニケーションが大きな役割を果たしています。

板書や印刷物の呈示，あらかじめ書いたものを掲示，モニターやプロジェクターで投影したものは，児童生徒の学習（認識）を援助する効果があります。ならびに，学習に向かう動機づけや集中などを決定づけることもあります。代表的な板書においては，３つの機能（①学習課題を呈示・説明する，②学習内容を要約・整理〈児童生徒らの発言を書いて整理することも含む〉し授業過程を明確化する，③児童生徒の思考活動を触発・組織化する）が期待されます。

授業は，時間割の１コマを１単位時間といい，小学校は45分，中学校等は50分としています。ただし，柔軟に１単位時間や時間割を編成することが推奨されています。例えば，90分を１ブロックとし，調べ学習（30分），話し合い（30分），発表（30分）のようにしたり，できるだけ細かく分けた時間割の基本単位（モジュール）を設定し，例えば15分を１モジュールとして，読書を毎日１モジュール，計算を１モジュールずつに充てることもできます。つまり，時間に合わせるのではなく，学習活動を第一に考えて工夫することが求められています。

教育評価を生かした授業つくりとして，近年はパフォーマンス評価（①学力を知識・技能の再生する力と位置づけ，②①の活用を評価する，③評価基準としてルーブリック〈rubric：評価指標［パフォーマンスの成功の度合いを示す数段階程度の尺度と各段階の評点・標語に対応するパフォーマンスの特徴を示した基準表］を使う〉）を行うことが推奨されています。リアルな文脈（あるいはシュミレーションの文脈）において，知識やスキルを総合的に使えるかどうかを評価します。例えば，パフォーマンス課題として「文化祭で屋台を出すのはいくらかかるのかを調べましょう」を呈示して評価します。その際に，(1)パフォーマンスの目標，(2)児童生徒らの役割，(3)パフォーマンスの相手，(4)想定される状況，(5)完成作品・実演，(6)成功を評価するスタンダードと規準，の６点を明確にすべきだとされています。パフォーマンス評価には，採点指針としてルーブリックを用います。

（橋本創一）

《文献／資料》

- 板倉聖宣著，犬塚清和編（1979）：科学と教育のために—板倉聖宣講演集—．季節社．
- 市川伸一（1998）：開かれた学びへの出発—21世紀の学校の役割—．金子書房．
- 佐藤学（1999）：学びの快楽—ダイアローグへ—．世織書房．
- 文部科学省（2013）：教育支援資料—障害のある子供の就学手続と早期からの一貫した支援の充実—．

▶▶▶ 第3フェーズ ◀◀◀

インクルーシブ教育システムの中の知的障害児教育

ナビゲーション

Key Words

障害者の権利条約，インクルーシブ教育システム，
多様な学びの場，個別の教育支援計画，ICF，就学先の決定，
合理的配慮，基礎的環境整備，ユニバーサルデザイン，知的障害，
特別支援教育コーディネーター，交流及び共同学習

1．法改正の推移

障害のある子どもの教育に関する制度の改正として，2006（平成18）年に国連総会において「**障害者の権利に関する条約**」が採択され，わが国は2007（平成19）年に同条約に署名し，2008（平成20）年5月に発効しました。同条約は，すべての障害者によるあらゆる人権及び基本的自由の完全かつ平等な享有を促進し，保護し，及び確保すること並びに障害者の固有の尊厳の尊重を促進することを目的とし，いわゆる「**合理的配慮（Reasonable Accommodation）**」や，教育に関しては「**インクルーシブ教育システム（Inclusive Education System）**」等の理念を提唱しています。

2006（平成18）年の教育基本法改正で「国及び地方公共団体は，障害のある者が，その障害の状態に応じ，十分な教育を受けられるよう，教育上必要な支援を講じなければならない」（第4条第2項）との規定が新設されました。また，2007（平成19）年の学校教育法改正においては，障害のある子どもの教育に関する基本的な考え方について，特別な場で教育を行う「**特殊教育**」から，一人一人のニーズに応じた適切な指導及び必要な支援を行う「**特別支援教育**」への発展的な転換が行われました。2011（平成23）年の障害者基本法改正においても，「国及び地方公共団体は，障害者が，その年齢及び能力に応じ，かつ，その特性を踏まえた十分な教育が受けられるようにするため，可能な限り障害者である児童及び生徒が障害者でない児童及び生徒と共に教育を受けられるよう配慮しつつ，教育の内容及び方法の改善及び充実を図る等必要な施策を講じなければならない」（第16条第1項），「国及び地方公共団体は，前項の目的を達成するため，障害者である児童及び生徒並びにその保護者に対し十分な情報の提供を行うとともに，可能な限りその意向を尊重しなければならない」（第16条第2項）等の規定が整備されました。さらに，これと並行して，中央教育審議会初等中等教育分科会に2010（平成22）年に設置された「特別支援教育の在り方に関する特別委員会」を中心に，今後のわが国の特別支援教育の在り方等について

の議論が進められ，「共生社会の形成に向けたインクルーシブ教育システム構築のための特別支援教育の推進」として2012（平成24）年に報告されました。これらを踏まえ，障害のある児童生徒等の就学先決定の仕組みに関する学校教育法施行令の改正が行われ，2013（平成25）年に施行されました。

環境整備として，個別の教育的ニーズのある子どもに対して，自立と社会参加を見据えて，その時点で教育的ニーズに最も的確に応える指導を提供できる，多様で柔軟な仕組みを提供できることが重要としました。このため，小・中学校における通常の学級，通級による指導，特別支援学級，特別支援学校，訪問教育などといった，連続性のある「**多様な学びの場**」を用意していくことが必要とされました。

また，合理的配慮について「障害を理由とする差別の解消の推進に関する法律（障害者差別解消法）」が2016（平成28）年に施行され，教育等の分野における合理的配慮に関する対応指針等が提示されました（文部科学省所管事業分野における障害を理由とする差別の解消の推進に関する対応指針について［通知］，2017年）。

2．個別の教育支援計画について

障害のある子ども一人一人のニーズを把握し，適切な指導及び必要な支援を図る特別支援教育の理念を実現させていくためには，早期からの教育相談・支援，就学支援，就学後の適切な教育及び必要な教育的支援全体を一貫した「教育支援」と捉え直し，**個別の教育支援計画**の作成・活用の推進等を通じて，一人一人のニーズに応じた教育支援の充実を図ることが，今後の特別支援教育の更なる推進に向けた基本的な考え方として重要視されました。

個別の教育支援計画の作成・活用により，①障害のある子どもの教育的ニーズの適切な把握，②支援内容の明確化，③関係者間の共通認識の醸成，④家庭や医療，福祉，保健，労働等の関係機関との連携強化，⑤定期的な見直し等による継続的な支援，などの効果が期待できるとしています。

コラム④

社会参加までの切れ目ない支援体制整備について

教育再生実行会議〔第九次提言〕（2016年）を受けて，障害のある子どもの自立と社会参加に資するよう，国，地方公共団体は，特別支援学校高等部や高等学校において，インターンシップや就労先の開拓，卒業後のフォロー等を行う職員の配置を充実させ，労働分野等の関係機関と連携した就労支援をインクルーシブ教育システム推進事業の取り組みとして行っています。

3．今日的な障害の捉え方（国際生活機能分類：ICF）

以前，障害とは，疾病等の結果もたらされる器質的損傷または機能不全による種々の困難があり，これらによって生ずる社会生活上の不利益等と捉えられていました。これは，1980（昭和55）年に世界保健機関（WHO）によって採用された国際障害分類（ICIDH: International Classification of Impairments, Disabilities and Handicaps）に基づいた捉え方であり，「医学モデル」と呼ばれるものでした。

これに対して，従来のICIDHの改訂作業を行う中で，障害のある人だけでなく，障害のない人も含めた生活機能分類として，2001（平成13）年にWHOは「**国際生活機能分類**（**ICF**: International Classification of Functioning, Disability and Health）」を採択しました。ICFでは，障害の状態は，疾病等によって規定されるだけではなく，その人の健康状態や環境因子等と相互に影響し合うものと説明されており，すなわちICFは，疾病等に基づく側面と社会的な要因による側面を考慮した，「医学モデル」と「社会モデル」を統合したモデルとされています（第Ⅱ部第1フェーズを参照）。

これに関連して，2011（平成23）年の障害者基本法改正において，障害者は「身体障害，知的障害，精神障害（発達障害を含む。），その他の心身の機能の障害（以下「障害」と総称する。）がある者であつて，障害及び社会的障壁により継続的に日常生活又は社会生活に相当な制限を受ける状態にあるもの」と新たに定義されました。また，特別支援学校の学習指導要領解説（2009〈平成21〉年）においても，障害による学習上又は生活上の困難を改善・克服するために必要な知識・技能等を身につけるための必要な指導を計画する際には，ICFの障害の捉え方を踏まえるように示されています。

4．障害の種類・程度と就学先の決定のあり方（2013年以降）

わが国では，学校教育法第72条において，「特別支援学校は，視覚障害者，聴覚障害者，知的障害者，肢体不自由者又は病弱者（身体虚弱者を含む。以下同じ。）に対して，幼稚園，小学校，中学校又は高等学校に準ずる教育を施すとともに，障害による学習上又は生活上の困難を克服し自立を図るために必要な知識技能を授けることを目的とする」と規定され，特別支援学校における教育の対象として5つの障害種が規定されています。また，その障害の程度については，学校教育法第75条において，「視覚障害者，聴覚障害者，知的障害者，肢体不自由者又は病弱者の障害の程度は，政令で定める」として，学校教育法施行令第22条の3において各障害の程度を定めています。つまり，特別支援学校に入学可能な障害の程度を示したものであり，これに加えて，従来の就学先決定では，これに該当する者が原則として特別支援学校に就学するという「就学基準」がありました。

これに対し，2013（平成25）年の学校教育法施行令の改正により，障害の状態（第22条の3への該当の有無）に加え，教育的ニーズ，学校や地域の状況，保護者や専門家の意見等を総合的に勘案して，障害のある児童生徒の**就学先**を個別に**判断・決定する**仕組みへと改められました。これにより，学校教育法施行令第22条の3で定めている障害の程度は，これに該当する者が原則として特別支援学校に就学するという「就学基準」としての機能はもたないこととなりました。一方で，特別支援学校に入学可能な障害の程度を示すものとしての機能は，引き続き有していることには留意が必要とされました。

5．合理的配慮について

合理的配慮は，障害者の権利に関する条約で提唱された概念であり，中央教育審議会初等中等教育分科会報告では，「障害のある子どもが，他の子どもと平等に『教育を受ける権利』を享有・行使することを確保するために，学校の設置者及び学校が必要かつ適当な変更・調整を行うことであり，障害のある子どもに対し，その状況に応じて，学校教育を受ける場合に個別に必要とされるもの」として，「学校の設置者及び学校に対して，体制面，財政面において，均衡を失した又は過度の負担を課さないもの」と定義されました。なお，障害者の権利に関する条約において，合理的配慮の否定は，障害を理由とする差別に含まれるとされていることに留意する必要があります。

まず，現在必要とされている合理的配慮は何か，何を優先して提供する必要があるかなどについて共通理解を図る必要があります。合理的配慮は，一人一人の障害の状態や教育的ニーズ等に応じて決定されるものであり，その検討の前提として，各学校の設置者及び学校は，興味・関心，学習上又は生活上の困難，健康状態等の当該の子どもの状態把握を行う必要があります。これを踏まえて，設置者及び学校と本人及び保護者により，個別の教育支援計画を作成する中で，発達の段階を考慮しつつ，合理的配慮の観点を踏まえ，可能な限り合意形成を図ったうえで決定し，提供されることが望ましいとしています。その内容は，個別の教育支援計画に明記するとともに，個別の指導計画においても活用されることが期待されます。

合理的配慮の具体例として，合理的配慮の観点や障害種別の例及び独立行政法人国立特別支援教育総合研究所が運営する「インクルーシブ教育システム構築支援データベース」や「特別支援教育教材ポータルサイト」などを参考とするように示しました。

また，障害のある子どもに対する支援については，法令に基づき，または財政措置により，国や各自治体で，教育環境の整備をそれぞれ行います。これらは，「合理的配慮」の基礎となる環境整備であり，「基礎的環境整備」と呼びます。また，「**基礎的環境整備**」を進めるにあたっては，**ユニバーサルデザイン**の考え方も考慮することが重要としています。合理的配慮は障害のある個人に対して個別に実施するものであり，基礎的環境整備は多くの人に対する設備・制度などの整備といえます。

コラム⑤

合理的配慮の観点（3観点11項目）

【「合理的配慮」の観点 (1) 教育内容・方法】
(1)-1　教育内容
(1)-1-1　学習上又は生活上の困難を改善・克服するための配慮
(1)-1-2　学習内容の変更・調整
(1)-2　教育方法
(1)-2-1　情報・コミュニケーション及び教材の配慮
(1)-2-2　学習機会や体験の確保
(1)-2-3　心理面・健康面の配慮
【「合理的配慮」の観点 (2) 支援体制】
(2)-1　専門性のある指導体制の整備
(2)-2　幼児児童生徒，教職員，保護者，地域の理解啓発を図るための配慮
(2)-3　災害時等の支援体制の整備
【「合理的配慮」の観点 (3) 施設・設備】
(3)-1　校内環境のバリアフリー化
(3)-2　発達，障害の状態及び特性等に応じた指導ができる施設・設備の配慮
(3)-3　災害時等への対応に必要な施設・設備の配慮慮」の実践に資するため，学校内外・関係機関との連絡調整，特別支援教育コーディネーター等のアドバイザー，保護者の教育相談の対応の支援等を行う。

コラム⑥

基礎的環境整備の観点（8観点）

①ネットワークの形成・連続性のある多様な学びの場の活用。
②専門性のある指導体制の確保。
③個別の教育支援計画や個別の指導計画の作成等による指導。
④教材の確保。
⑤施設・設備の整備。
⑥専門性のある教員・支援員等の人的配置。
⑦個に応じた指導や学びの場の設定等による指導。
⑧交流及び共同学習の推進。

コラム⑦

ユニバーサルデザイン（UD：Universal Design）

バリアフリーは，障害によりもたらされるバリア（障壁）に対処するとの考え方であるのに対し，ユニバーサルデザインは，障害の有無，年齢，性別，人種等にかかわらず多様な人々が利用しやすいよう都市や生活環境をデザインするという考え方です。障害者の権利に関する条約第２条（定義）において，ユニバーサルデザインとは，調整または特別な設計を必要とすることなく，最大限可能な範囲ですべての人が使用することのできる製品，環境，計画およびサービスの設計をいいます。ユニバーサルデザインは，特定の障害者の集団のための支援装置が必要な場合には，これを排除するものではない，と定義されています。

6．特別支援教育コーディネーター

小・中学校等の特別支援教育コーディネーターは，保護者や関係機関に対する学校の窓口として，また，学校内の関係者や福祉，医療等の関係機関との連絡調整の役割を担う者として，位置づけられます。特別支援学校の特別支援教育コーディネーターには，医療的ケアの必要な児童生徒への対応のため，医療機関や福祉機関と連携・協力をしたり，学校外の専門家による指導・助言を受けるなど，児童生徒のニーズに応じた教育を展開していくための推進役としての役割，また，各学校の教員の専門性や施設・設備を生かし，地域における特殊教育に関する相談のセンター的な機能を推進する役割があります。

7．交流及び共同学習について

障害のある子どもと障害のない子どもが一緒に参加する活動は，相互のふれあいを通じて豊かな人間性を育むことを目的とする交流の側面と，教科等のねらいの達成を目的とする共同学習の側面があるとされています。「交流及び共同学習」とは，このように両方の側面が一体としてあることをより明確に表したものです。また，この２つの側面は分かちがたいものとして捉え，推進していく必要があります。交流及び共同学習は，障害のある子どもの自立と社会参加を促進するとともに，社会を構成する様々な人々と共に助け合い支え合って生きていくことを学ぶ機会となり，ひいては共生社会の形成に役立つものといえます。

交流及び共同学習は，特別支援学校と近隣の小・中学校等や児童生徒の居住する地域の小・中学校等で行われています。授業時間内に行われる交流及び共同学習については，その活動場所がどこであっても，在籍校の授業として位置づけられていることに十分留意し，教育課程上の位置づけ，指導の目標などを明確にし，適切な評価を行うことが必要です。また，在籍校の授業として実施するということは，基本的には，在籍校の教員が指導を行うこととなりますが，具体的な指導の形態等については，在籍校の教育活動の一環であることを考慮し，相手の小・中学校等と協議のうえ，個々の実態に即して適切に実施する必要があります。なお，教科の授業において交流及び共同学習を行う場合には，特別支援学校の子どもの教科等の位置づけやねらいを明確にしておくことが大切です。

知的障害のある児童生徒の交流及び共同学習の実践にあたり，以下にある障害の特性等に応じて配慮が必要です。

①興味・関心をもつことのできる活動を工夫する。
②言葉による指示だけでなく，絵や写真等を用いたり，モデルを示したりすることによって，子どもたちが活動内容を理解しやすくする。
③繰り返しできる活動にしたり，活動の手順を少なくしたり，絵や写真等を用いて手順がわかりやすくなるようにしたりして，見通しをもちやすくする。
④得意とする活動や普段の授業で慣れている活動を行うようにして，活躍できる場を多くする。
⑤子どもの行動の意味や背景等を必要に応じて適切に説明するなどして，子ども同士が理解し合い友達になれるようにする。

8．知的障害児の教育について

知的障害とは，同年齢の子どもと比べて，「認知や言語などにかかわる知的機能が著しく劣り，他人との意思の交換，日常生活や社会生活，安全，仕事，余暇利用などについて

コラム⑧

知的障害者における適応行動

米国知的発達障害協会（AAIDD：2010年）は，知的発達障害の定義を「知的機能および適応行動（概念的，社会的および実用的な適応スキル）の双方の明らかな制約によって特徴づけられる能力障害である」としています。AAIDD（2010年）は，適応行動を以下の3つのスキルに整理しています。

概念的適応スキル……言語（受容，表出），読み書き，数概念，お金や時間の概念，自己管理
社会適応スキル　……対人関係，責任，自尊心，騙されやすさ，純真さ，規則を守る，尊法，被害者となることを避ける，社会的問題を解決する
実用的スキル　　……食事，移動／可動性，排泄，衣服からなる日常生活活動，食事準備，家事，乗り物，服薬，電話の使用からなる日常生活に有用な活動，職業スキル，安全な環境の維持

の適応能力も不十分であるので，特別な支援や配慮が必要な状態」とされています。また，その状態は，環境的・社会的条件で変わる可能性があります。

(1) 特別支援学校（知的障害）

特別支援学校（知的障害）の対象者である子どもの障害の程度は以下のように示されています（学校教育法施行令第22条の3）。

1．知的発達の遅滞があり，他人との意思疎通が困難で日常生活を営むのに頻繁に援助を必要とする程度のもの。
2．知的発達の遅滞の程度が前号に掲げる程度に達しないもののうち，社会生活への適応が著しく困難なもの。

知的発達の遅滞があるというのは，認知や言語などに関わる知的機能の発達に明らかな遅れがあるという意味です。同年齢の子どもと比較して平均的水準より明らかに遅れが有意にあるということです。また，他人との意思疎通が困難とは，特別な配慮なしに，その年齢段階に標準的に要求されるコミュニケーション能力が身についていないため，一般的な会話をする際に話された内容を理解することや自分の意思を伝えることが著しく困難で，他人とのコミュニケーションに支障がある状態を指します。知的障害における意思疎通の困難さは，知的機能の発達の遅滞により，相手から発信された情報が理解できず，的確な対応ができないために，人とのコミュニケーションが十分に図れないことをいいます。日常生活を営むのに頻繁に援助を必要とするとは，一定の動作，行為の意味，目的，必要性を理解できず，その年齢段階に標準的に要求される日常生活上の行為に，ほとんどの場合または常に援助が必要である程度のことをいいます。

社会生活への適応が著しく困難とは，例えば，低学年段階では，他人と関わって遊ぶ，自分から他人に働きかける，友達関係をつくる，簡単な決まりを守って行動する，身近な危険を察知し回避する，身近な日常生活における行動（身辺処理など）が特に難しいことなどが考えられます。年齢が高まるにつれても，例えば，社会的なルールに沿った行動をしたり，他人と適切に関わりながら生活や仕事をしたり，自己の役割を知り責任をもって取り組んだりすることが難しいことが考えられます。また，自信を失うなどの理由から潜在的な学習能力を十分に発揮することなどが特に難しい状態も考えられます。

特別支援学校（知的障害）には，小学部，中学部，高等部等が設けられ，幼稚部を設けている学校もあります。さらに，高等部には，普通科のほかに「家政」「農業」「工業」「流通サービス」「福祉」の職業教育を主とする学科が設けられていることがあります。

知的障害教育の目標は，一人一人の児童生徒の全人的発達を図り，その可能性を最大限に伸ばすという点では，基本的に小学校，中学校および高等学校と同様です。しかし，在

知的障害特別支援学校の教育課程（中学部を例に）

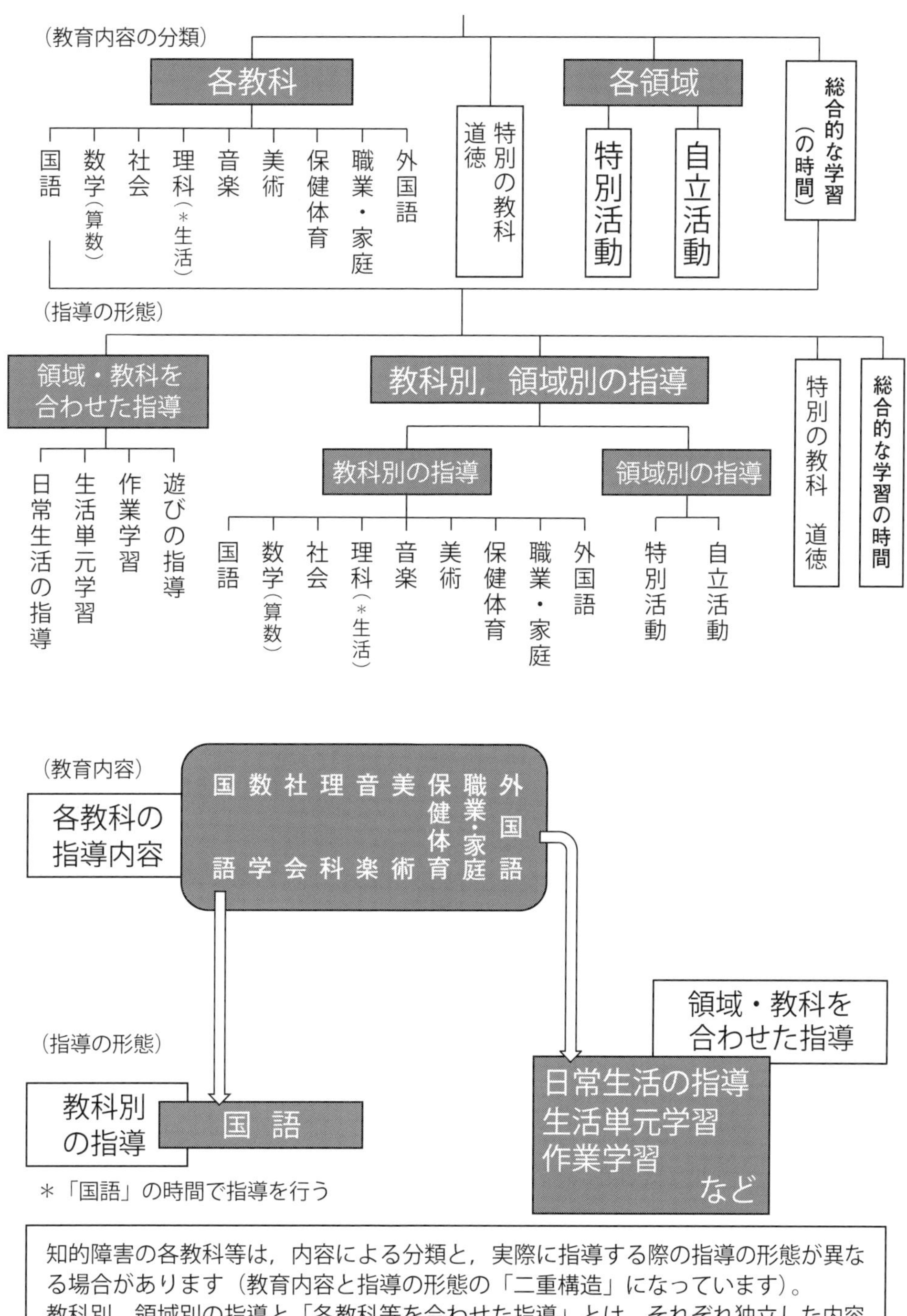

知的障害の各教科等は，内容による分類と，実際に指導する際の指導の形態が異なる場合があります（教育内容と指導の形態の「二重構造」になっています）。
教科別，領域別の指導と「各教科等を合わせた指導」とは，それぞれ独立した内容を指導するのではなく，互いに関連し合っていると捉えることが大切です。

コラム⑨

知的障害特別支援学校における「教科別の指導」

教科別の指導は，各教科の時間を設定して教科ごとに指導します。指導を行う教科やその授業時数の定め方は，対象となる子どもの実態によっても異なります。学習指導要領においては，小学校等と各教科（国語や算数など）の名称はほぼ同じですが，その目標や内容は小学校等とは異なります。子ども一人一人の障害の特性に応じて，実際の生活に生かすことができる事柄を指導するようになっています。

コラム⑩

特別支援学校（知的障害）の教科書

小学部・中学部用として，文部科学省の著作による国語，算数・数学，音楽の教科書が作成されており，基本的にはその使用義務があります。それら以外の各教科，および高等部の各教科では，文部科学省による著作本または検定教科書は発行されていません。そのため，学校教育法附則第９条の規定に基づき，他の適切な教科書（一般図書を含む）を使用することができます。子どもの実態等に即した教科書として，それらが採択され使用されています。

学する児童生徒の障害の特性を考慮すると，日常生活や社会生活の技能や習慣を身につけるなど，望ましい社会参加のための知識，技能および態度を養うことに重点を置くことになります。

特別支援学校（知的障害）の教育課程は，児童生徒の発達段階や経験などを踏まえ，実生活に結びついた内容を中心に構成していることが大きな特色です。各教科の目標と内容は，児童生徒の障害の状態などを考慮して，小学部における生活科をはじめ，小学校等とは別な各教科等を設定しています。また，教育課程の区分は，各教科，道徳，特別活動，自立活動，総合的な学習の時間（小学部を除く）に分類しています。実際の指導を計画し，展開する段階では，学校教育法施行規則第 130 条に基づき，各教科，道徳，特別活動，自立活動の全部または一部について，あわせて授業を行うことも取り入れられています。

(2) 知的障害特別支援学級

知的障害特別支援学級の対象となる知的障害者の障害の程度は以下のように示されています（平成 25 年 10 月 4 日付け 25 文科初第 756 号初等中等教育局長通知）。

知的発達の遅滞があり，他人との意思疎通に軽度の困難があり日常生活を営むのに一部援助が必要で，社会生活への適応が困難である程度のもの

知的障害特別支援学級の対象は，その年齢段階に標準的に要求される機能に比較して，他人との日常生活に使われる言葉を活用しての会話はほぼ可能であるが，抽象的な概念を使った会話などになると，その理解が困難な程度の者とされます。例えば，日常会話の中で，晴れや雨などの天気の状態についてわかるようになっても，「明日の天気」などのように時間の概念が入ると理解できなかったりすることや，比較的短い文章であっても，全体的な内容を理解し短くまとめて話すことなどが困難であったりすることがあります。また，同時に，家庭生活や学校生活におけるその年齢段階に標準的に求められる食事，衣服の着脱，排せつ，簡単な片付け，身の周りの道具の活用などにほとんど支障がない程度です。

知的障害特別支援学級においては，特別の教育課程を編成したうえで，小集団により学習環境を整備し，通常の学級に在籍する児童生徒との交流及び共同学習を適切に進めたり，個別対応による指導を徹底したりしています。こうして，児童生徒の教育上必要な指導内容を提供し，学校生活が充実するようにします。

知的障害特別支援学級の教育課程は，原則として小学校及び中学校の学習指導要領に基づく諸規定が適用されますが，児童生徒の障害の状態等から，特別支援学校（知的障害）の学習指導要領を参考として，その内容を取り入れるなど，特別の教育課程を編成することが認められています。したがって，教育課程編成や指導法は，特別支援学校の場合と共通することが多いのです。

小学校の知的障害特別支援学級では，心身の諸機能の調和的発達，基本的生活習慣の確立，日常生活に必要な基礎的な知識，技能及び態度の習得，集団生活への参加と社会生活の理解などを目標としています。中学校の知的障害特別支援学級は，小学校における目標を十分に達成するとともに，日常の経済生活についての関心を深め，将来の職業生活や家庭生活に必要な知識，技能及び態度を身につけることなどを目標としています。

知的障害特別支援学級においても，特別支援学校と同様に，教科別の指導のほかに，各教科等を合わせた指導を取り入れています。

なお，小学校及び中学校のいずれの知的障害特別支援学級においても，通常の学級の児童生徒と活動を共にする機会を設け，集団生活への参加を促し，相互理解を深めるようにしています。

(3) 知的障害児の教育に必要な指導・支援

知的障害のある児童生徒の学習上の特性として，習得した知識や技能が偏ったり，断片的になりやすかったりします。そのため，習得した知識や技能が実際の生活には応用されにくい傾向があり，また，抽象的な指導内容よりは，実際的・具体的な内容が習得されやすい傾向にあります。こうした特性から，次のような教育的対応を基本とすることが重要であるとされます。

- 子どもが，自ら見通しをもって行動できるよう，日課や学習環境などをわかりやすくし，規則的でまとまりのある学校生活が送れるようにする。
- 望ましい社会参加を目指し，日常生活や社会生活に必要な技能や習慣が身につくよう指導する。
- 生活に結びついた具体的な活動を学習活動の中心に据え，実際的な状況下で指導する。
- 生活の課題に沿った多様な生活経験を通して，日々の生活の質が高まるよう指導する。
- できる限り子どもの成功経験を豊富にするとともに，自発的・自主的な活動を大切にし，主体的活動を促すよう指導する。
- 子ども一人一人の発達の不均衡な面や情緒の不安定さなどの課題に応じた指導を徹底する。

こうした対応は，すべての児童生徒への対応で留意するべきことといえますが，知的障害のある児童生徒に対してはその際の指導を丁寧に繰り返し行うことが必要とされます。

(4) 知的障害児の教育における特有な指導・支援について

自立活動の指導

特別支援学校（知的障害）に在籍する児童生徒には，知的発達の段階から見て言語，運動，情緒・行動などの面で，顕著な発達の遅れや特に配慮を必要とする様々な状態が，知的障害に随伴して見られます。このような児童生徒には，知的発達の遅れに応じた各教科の指導などのほかに，上記のような随伴して見られる顕著な発達の遅れや特に配慮を必要とする様々な状態についての特別な指導が必要になります。これらを自立活動で指導します。

知的障害に随伴して見られる様々な状態には，例えば，言語面では，特異な言語の習得と使用，理解言語と表出言語の大きな差など，運動面では，平衡感覚の未熟さ，上肢や下肢の麻痺による不随意性，筋力の低さなど，行動面では，固執行動，極端な偏食，異食など，情緒面では，情緒発達の未熟さ，自信欠如など，健康面では，てんかんや心臓疾患による生活上の影響などがあげられます。

各教科等を合わせて指導する場合

特別支援学校（知的障害）の小学部，中学部，高等部において，領域・教科を合わせた指導として，日常生活の指導，遊びの指導，生活単元学習，作業学習などが実践されています。

コラム⑪

「領域・教科を合わせた指導」の学校への導入

例えば，ある学校において，小学部では，日常生活の指導，遊びの指導および生活単元学習を中心とし，教科別の指導等を加えています。ある学校の中学部では，生活単元学習および作業学習を中心とし，教科別の指導等を加えています。ある学校の高等部では，作業学習を中心とし，教科別の指導等を加えています。地域や学校によって，対象となる子どもの実態等が異なるため，必要に応じて子どもの課題等を考慮し，指導にあたっては集団を再編成し，効果的な指導を行うなどの配慮がなされています。

【日常生活の指導】

日常生活の指導は，児童生徒の日常生活が充実し，高まるように日常生活の諸活動を適切に指導するものです。日常生活の指導では，生活科の内容だけでなく，広範囲に，各教科等の内容が扱われます。例えば，衣服の着脱，洗面，手洗い，排せつ，食事，清潔など基本的生活習慣の内容や，挨拶，言葉遣い，礼儀作法，時間を守ること，決まりを守ることなどの日常生活や社会生活において必要で基本的な内容を取り上げるものです。

日常生活の指導にあたっては，以下の点を考慮することが重要とされています。

(a) 日常生活の自然な流れに沿い，その活動を実際的で必然性のある状況下で行うものであること。

(b) 毎日反復して行い，望ましい生活習慣の形成を図るものであり，繰り返しながら，発展的に取り扱うようにすること。

(c) できつつあることや意欲的な面を考慮し，適切な援助を行うとともに，目標を達成していくために，段階的な指導ができるものであること。

(d) 指導場面や集団の大きさなど，活動の特徴を踏まえ，個々の実態に即した効果的な指導ができるよう計画されていること。

【遊びの指導】

遊びの指導は，遊びを学習活動の中心に据えて取り組み，身体活動を活発にし，仲間との関わりを促し，意欲的な活動を育み，心身の発達を促していくものです。遊びの指導では，生活科の内容をはじめ，各教科等に関わる内容が扱われ，場や遊具等が限定されることなく，児童生徒が比較的自由に取り組むものから，期間や時間設定，題材や集団構成などに一定の条件を設定したうえで活動するといった比較的制約性が高い遊びまで連続的に設定されます。また，遊びの指導の成果が各教科別の指導等につながることもあります。

遊びの指導にあたっては，以下の点を考慮することが重要とされています。

(a) 子どもが積極的に遊ぼうとする環境を設定すること。

(b) 教師と子ども，子ども同士の関わりを促すことができるよう，場の設定，教師の対応，遊具等を工夫すること。

(c) 身体活動が活発に展開できる遊びを多く取り入れるようにすること。

(d) 遊びをできる限り制限することなく，子どもの健康面や衛生面に配慮しつつ，安全に選べる場や遊具を設定すること。

(e) 自ら遊びに取り組むことが難しい子どもには，遊びを促したり，遊びに誘ったりして，いろいろな遊びが経験できるよう配慮して，遊びの楽しさを味わえるようにしていくこと。

【生活単元学習】

生活単元学習は，児童生徒が生活上の目標を達成したり，課題を解決したりするために，一連の活動を組織的に経験することによって，自立的な生活に必要な事柄を実際的・総合的に学習するものです。生活単元学習では，児童生徒の学習活動は，生活的な目標や課題に沿って組織されることが大切です。また，小学部において，児童の知的障害の状態等に応じ，遊びを取り入れた生活単元学習を展開している学校もあります。

生活単元学習の指導計画の作成にあたっては，以下の点を考慮することが重要とされています。

(a) 単元は，実際の生活から発展し，子どもの知的障害の状態等や興味・関心などに応じたものであり，個人差の大きい集団にも適合するものであること。

(b) 単元は，必要な知識・技能の獲得とともに，生活上の望ましい習慣・態度の形成を図るものであり，身につけた内容が生活に生かされるものであること。

(c) 単元は，子どもが目標をもち，見通しをもって，単元の活動に積極的に取り組むものであり，目標意識や課題意識を育てる活動を含んだものであること。

(d) 単元は，一人一人の子どもが力を発揮し，主体的に取り組むとともに，集団全体で単元の活動に共同して取り組めるものであること。

(e) 単元は，各単元における子どもの目標あるいは課題の成就に必要かつ十分な活動で組織され，その一連の単元の活動は，子どもの自然な生活としてのまとまりのあるものであること。

(f) 単元は，豊かな内容を含む活動で組織され，子どもがいろいろな単元を通して，多種多様な経験ができるよう計画されていること。

なお，生活単元学習の指導を計画するにあたっては，一つの単元が，２～３日で終わる場合もあれば，１学期間，あるいは１年間続く場合もあるため，年間における単元の配置，各単元の構成や展開について十分検討する必要があります。

【作業学習】

作業学習は，作業活動を学習活動の中心にしながら，児童生徒の働く意欲を培い，将来の職業生活や社会的自立に必要な事柄を総合的に学習するものです。作業学習で取り扱われる作業活動の種類は，農耕，園芸，紙工，木工，縫製，織物，金工，窯業，セメント加工，印刷，調理，食品加工，クリーニングなどのほか，販売，清掃，接客なども含み多種多様です。中学部・高等部における作業学習では，単に職業・家庭科の内容だけでなく，以下の点を考慮することが重要とされています。

(a) 子どもにとって教育的価値の高い作業活動等を含み，それらの活動に取り組む喜びや完成の成就感が味わえること。
(b) 地域性に立脚した特色をもつとともに，原料・材料が入手しやすく，永続性のある作業種を選定すること。
(c) 子どもの実態に応じた段階的な指導ができるものであること。
(d) 知的障害の状態等が多様な子どもが，共同で取り組める作業活動を含んでいること。
(e) 作業内容や作業場所が安全で衛生的・健康的であり，作業量や作業の形態，実習期間などに適切な配慮がなされていること。
(f) 作業製品等の利用価値が高く，生産から消費への流れが理解されやすいものであること。

なお，中学部の職業・家庭科に示す「産業現場等における実習」（「現場実習」や「職場実習」）を，他の教科等と合わせて実施する場合は，作業学習として位置づけられます。その場合，「産業現場等における実習」については，現実的な条件下で，子どもの職業適性等を明らかにし，職業生活ないしは社会生活への適応性を養うことを意図して実施するとともに，各教科等の広範な内容が包含されていることに留意する必要があります。「産業現場等における実習」は，これまでも企業等の協力により実施され，大きな成果が見られていますが，実施にあたっては，保護者，事業所および公共職業安定所などの関係機関等との密接な連携を図り，綿密な計画を立てることが大切です。また，実習中の巡回指導についても適切に計画する必要があります。

(5) 知的障害の理解と障害の状態の把握

知的障害の状態の把握（アセスメント）にあたっては，障害の有無，学校生活における援助や配慮の必要性について，主に以下に関して検査や調査によって把握します。

①知的機能（認知，言語）
②身辺自立（日常生活習慣行動：食事，排せつ，衣服着脱，清潔行動など）
③社会生活能力（ライフスキル：買い物，乗り物の利用，公共機関の利用など）の状態
〈その他，必要に応じて〉
④運動機能（協調運動，体育技能，持久力など）

⑤生育歴および家庭環境（生育歴上の特記すべきことなど）
⑥身体的状況（てんかん，麻痺，アレルギー性疾患〈ぜんそく，アトピー性皮膚炎など〉）
⑦学力

知的機能に関するアセスメント

知的機能の状態の把握については，標準化された個別式の知能検査や発達検査（田中ビネー知能検査Ⅴ，新版Ｋ式発達検査2001，WISC-Ⅳ，K-ABCⅡなど）の結果を用いることが必要です。検査の実施は，それらの検査の実施に習熟した心理判定員（公認心理師など）が行い，そのアセスメント報告書（分析・解釈と支援指針などを含む）をもとに子どもの状態を把握します。

知能検査や発達検査の結果は，精神年齢（MA: Mental Age），または発達年齢（DA: Developmental Age），知能指数（IQ: Intelligence Quotient）または発達指数（DQ: Developmental Quotient）などで示されます。また，検査によっては，知能偏差値（ISS: Intelligence Standard Score）で表されることもあり，今日的には，偏差によって知的機能の状態を把握することが主流になってきています。知能指数等は，発達期であれば変動が大きい場合があります。また，比較的低年齢段階においては，心理的・社会的環境条件の影響を受けやすく，結果の解釈にあたっては，生活環境，教育環境などの条件を考慮する必要があります。

知的障害があるとすれば，どういう原因が推定され，どのような病理上の特徴があるかなどについては，主に医学的診断で明らかにされます。医学的検査は，知的障害の診断経験がある小児科医（小児神経科）・精神科医（児童精神科）などの専門医が担当しますが，重複障害の有無やその状態の診断については，それぞれの障害の専門医または専門家が担当することが望ましいでしょう。

適応行動の困難性に関するアセスメント

適応行動の困難性に関しては，次のような観察や調査等で把握します。

- 概念的スキルの困難性
  言語発達：言語理解，言語表出能力など
  学習技能：読字，書字，計算，推論など
- 社会的スキルの困難性
  対人スキル：友人関係など
  社会的行動：社会的ルールの理解，集団行動など
- 実用的スキルの困難性
  日常生活習慣行動：食事，排せつ，衣服着脱，清潔行動など
  ライフスキル：買い物，乗り物の利用，公共機関の利用など
- 運動機能：協調運動，体育技能，持久力など

標準化された検査（S-M 社会生活能力検査，ASIST 学校適応スキルプロフィール，Vineland-II 適応行動尺度，ASA 旭出式社会適応スキル検査など）を用いることが適当ですが，学校・学級や教師独自に開発された調査項目を設定して，行動観察を行うことも有効です。また，プライバシーに十分配慮しながら家庭での様子について聞き取ることも必要です。

標準化された社会生活能力や適応行動に関する検査の結果は，社会生活年齢（SA: Social Age），または適応行動スキル獲得年齢（AG: Adaptive skills Grade），社会性発達指数（SQ: Social developmental Quotient），または適応行動スキル獲得指数（AQ: Adaptive skills Quotient）で示されます。社会生活性年齢（SA）や社会性発達指数（SQ）と精神年齢（MA）や知能指数（IQ）または発達年齢（DA）や発達指数（DQ）などを対比することにより，発達の遅れの状態や環境要因の影響などが明らかになります。

知的障害とともに，自閉症・情緒障害（行動上の問題を含む），肢体不自由（運動機能の問題），言語障害，視覚障害，聴覚障害，病弱・身体虚弱を有している場合は，適応行動の困難さも多く見られます。そのため，他障害をあわせ有する場合は，その状態等を十分に考慮して，検査等の結果を解釈することが大切です。

コラム⑫

特別支援教育専門家等の配置（インクルーシブ教育システムの推進）について

◆**医療的ケアのための看護師**：学校において日常的にたんの吸引や経管栄養等の医療的ケアが必要な児童生徒が増加している状況を踏まえ，これらの児童生徒の教育の充実を図るため，学校に看護師を配置し，医療的ケアの実施等を行います。

◆**早期支援コーディネーター**：自治体が行う早期からの教育相談・支援に資するため，関係部局・機関等や地域等との連絡・調整，情報収集等を行い，特別な支援が必要となる可能性のある子どもの円滑な就学先決定の支援を行います。

◆**就労支援コーディネーター**：特別支援学校高等部，高等学校において，ハローワーク等と連携して，障害のある生徒の就労先，就業体験先の開拓，就業体験時の巡回指導，卒業後のアフターフォロー等を行い，障害のある生徒の自立・社会参加を支援します。

◆**外部専門家（理学療法士・作業療法士・言語聴覚士等）**：特別支援学校のセンター的機能の充実，特別支援学校全体としての専門性の確保，特別支援学校以外の多様な学びの場における特別支援教育の体制を整備するため，外部専門家を配置・活用します。

◆**発達障害支援アドバイザー**：児童発達支援センター等の福祉部局・機関等，厚生労働省の発達障害関連事業等と連携を図りつつ，教職員とも日常的に連携・協力をしながら発達障害の可能性のある児童生徒に対する指導・情報提供を専門的な観点から行います。

◆**合理的配慮協力員**：各学校の設置者及び学校が，障害のある子どもに対して「合理的配慮」の実践に資するため，学校内外・関係機関との連絡調整，特別支援教育コーディネーター等のアドバイザー，保護者の教育相談の対応の支援等を行います。

コラム⑬

地域学校協働活動推進事業〔地域学校協働推進室〕について

地域と学校をつなぐコーディネーターが中心となり，地域と学校の連携・協働のもと，幅広い地域住民等が参画し，地域全体で未来を担う子どもたちの成長を支え，地域を創生する「地域学校協働活動」を，特別支援学校を含め，全国的に推進しています。なお，特別な支援を必要とする子どもたちに対する放課後等の支援活動を行う場合に，元特別支援学校教諭，ホームヘルパー有資格者，障害者施設実務経験者などを対象に特別支援サポーターとして配置することが可能です。

総合的な判断

諸検査等の結果に基づいた総合的な判断は，検査者や調査者，観察者などに，保護者，複数の教師，さらに専門家の意見を踏まえて慎重に吟味する必要があります。

また，検査等によって把握されていない状態が少なからずあること，検査等に関わる諸条件により状態が変わり得ることなどに留意して総合的な判断をすることが必要です。特に，知能指数（IQ）等の測定値については，柔軟に扱うとともに，その数値だけを切り離して判断するのでなく，ほかのアセスメント結果等と合わせて解釈する必要があります。

さらには，学校生活上の特別な援助や配慮の必要性（行動上の問題や不適応行動など）と関連づけることも大切です。つまり，障害の程度を調査結果等だけで判断するのではなく，特別な教育的対応の必要性の内容や程度を考慮して，総合的に判断することが重要です。特に，知的障害者の場合，知的機能の状態や程度と，適応行動の獲得や困難さの程度は，それまでの経験・獲得などによって様々であり，加えて，年齢段階によって標準的に要求される適応スキルも異なることから，十分に検討する必要があります。

（橋本創一）

第Ⅱ部

新学習指導要領に対応した教育実践・研究について

５つの‘Ｉ’（アイ）で始まる教育実践・研究とは

中央教育審議会によって答申された「これからの学校教育を担う教員の資質能力の向上について（平成27年12月21日）」「チームとしての学校の在り方と今後の改善方策について（平成27年12月21日）」「新しい時代の教育や地方創生の実現に向けた学校と地域の連携・協働の在り方と今後の推進方策について（平成27年12月21日）」「個人の能力と可能性を開花させ，全員参加による課題解決社会を実現するための教育の多様化と質保証の在り方について（平成28年5月30日）」と「幼稚園，小学校，中学校，高等学校及び特別支援学校の学習指導要領等の改善及び必要な方策等について（平成28年12月23日）」に基づき，東京学芸大学と附属特別支援学校を中心とした教育実践研究プロジェクトでは，現代の教育課題の解決や今を生きる子どもたちの発達と現況に即した教育と支援を模索し，特に，知的障害児のための学校教育実践と研究を展開してきました。

第Ⅱ部は，全国の特別支援学校や特別支援学級においても活用できるものをピックアップし，新学習指導要領の改訂理念に沿って整理したものです。

愛情（アイ）あふれる教育をモットーに，その頭文字が‘Ｉ’（アイ）で始まる５つのkey wordsに基づく教育実践・研究と支援プログラムに配列して紹介します。

５つの‘Ｉ’（アイ）で始まるkey wordsとは，以下の通りです。

○**『ICF（International Classification of Functioning, Disability and Health）』**
（国際生活機能分類）

○**『IEP（Individualized Education Program）』**
（個別教育計画）

○**『IES & CE（Inclusive Education System & Career Education）』**
（インクルーシブ教育システム＆キャリア教育）

○**『ILC（Instruction of Language and Communication）』**
（言語コミュニケーション指導）

○**『ICT（Information and Communication Technology）』**
（情報通信技術）

（i）**ICF（国際生活機能分類）モデルに基づく**支援の基本的なあり方から授業つくり

や教育課程を開発し，(ii) **IEP（個別教育計画）個別の指導計画の作成による**幼児児童生徒の実態把握と教育計画の立案を通して保護者との連携に基づく教育を確立し，(iii) **IES & CE（インクルーシブ教育システム & キャリア教育）から**障害のある者とない者が共に学ぶ仕組みの実践，職業・勤労感や自己理解，主体的な進路選択を育てる教育を導入し，(iv) **ILC（言語コミュニケーション指導）を重視した**学校・家庭生活全体を通した指導・支援を展開し，(v) **ICT（情報通信技術）活用による**合理的配慮や自ら学びコミュニケーションできる姿を育てる，が5つの‘I’（アイ）です。

本書で紹介する教育実践・研究の実際は，特に東京学芸大学附属特別支援学校の実践の蓄積を中心としています。その研究グループが，他校や他の地域で展開したものも含まれています。

（橋本創一・小金井俊夫）

▶▶▶ 第1フェーズ ◀◀◀

ICFモデルによる授業つくり・教育課程

ナビゲーション

Key Words

ICFと授業つくり・教育課程

1．生活機能の評価ツールとして

2001（平成13）年に，世界保健機関（WHO）の総会で採択された国際生活機能分類（ICF）モデル（図1）は，そのもととなった国際障害分類（ICIDH）から主要な用語そのものを刷新し，また，各要素がすべて相互作用関係（双方向の矢印）となって，われわれの障害の捉え方を大きく変えるものとなったことは，周知のことでしょう。しかし，様々な分野や機関間の共通語となるべく，採択までに多くの国々で翻訳とフィールドテストの繰り返しに労力と時間が費やされたことは，あまり知られていないかもしれません。そして，その成果としての分類項目のリストはコード化されて，第2レベルまでのコードだけでも全数362語，より詳細なレベルのコード数は1424語にもなるといいます。このリストの細部までに目を通す教員は，ほとんどいないかもしれませんが，このコード化された全体構成にこそ，生命・生活・人生を包括した「生活機能」が読み取れます。ICFは，すでに，障害を表すモデルではなく，人間の生活機能を評価するツールと考えるべきです。

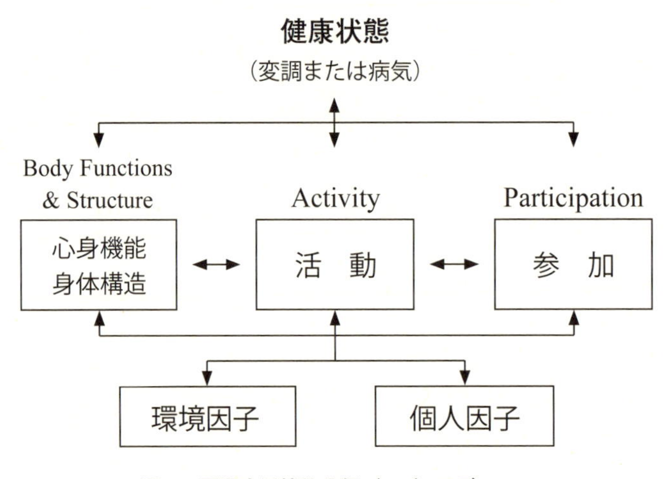

図1　国際生活機能分類（ICF）モデル

2．分類リストに着目して

私たち教員が，所属学校の教育課程の編成に携わる際に，現行の学習指導要領に準拠するのはもちろんですが，これからの教育機関の情報発信には，共通言語を用いてわかりやすく説明することがますます重要になると思われます。

例えば，ICFの活動と参加の第1レベルまでの分類項目には，「学習と知識の応用（目的をもった感覚的経験，基礎的学習，知識の応用）」「一般的な課題と要求」「コミュニケーション（コミュニケーションの理解，コミュニケーションの表出，会話並びにコミュニケーション用具および技法の利用）」「運動・移動（姿勢の変換と保持，物の運搬・移動・操作，歩行と移動，交通機関や手段を利用しての移動）」「セルフケア」「家庭生活（必需品の入手，家事，家庭用品の管理および他者への援助）」「対人関係（一般的な対人関係，特別な対人関係）」「主要な生活領域（教育，仕事と雇用，経済生活）」「コミュニティライフ・社会生活・市民生活」の語句が並んでいます。それらをこうして読み通すだけでも，人間の生きるための能力の全体像をイメージできます。あるいは，教育課程における生活やコミュニケーションといった指導内容の領域での言葉の置き換えができるのではないかと思えます。言葉には，同義語であっても，その音韻や字義の影響を受けて捉え方や考え方の枠組みさえ変化させてしまう力があるのです。

例えば，「生活」という用語は，前述の項目から，セルフケア，家庭生活，経済生活，市民生活などを拾い出してみると，これまでの生活に関するスキルを新たな分類や二次元の広がりの中で具体的な指導内容と関係づけることができ，その指導の先を見通しやすくもなるように感じるでしょう。

また，「コミュニケーション」という概念でも，日本独自の成り立ちや捉え方があり，わが国では一般には対人関係や言語を介しない相互作用を多く含んで使われている場合がよくあります。しかし，ICFの概念では，コミュニケーションは，対人関係の章とはしっかりと区別されていることに注意する必要があります。さらに，下位項目では，それぞれに活動と参加の両レベルの項目が示されていることが，内容整理のうえで参考になるのではないでしょうか。昨今の学習指導要領で自立活動の区分に「人間関係の形成」が新設されましたが，まさに前述の解釈に相当する点です。

また，ICFに新しく加えられた環境因子にも分類リストのコード化がなされましたが，これは，支援の方法や教材・教具，環境設定などを整理するうえでたいへん役に立つ資料となりました。

教育課程の編成の機会には，使い慣れて凝り固まってしまった学校独自の用語や表現をICFの共通語に置き換えて明文化すること，または，明文化しないまでも翻訳して考えることによって，子どもの生活機能に関してや適切な教育支援のあり方について柔軟なアイデアをひねり出してほしいと思います。

3．ライフスキルを借用して

ICFから少し脱線しますが，WHOは，別に1994（平成6）年にライフスキル教育の重要性をあげ，ライフスキルの主要素として10のスキルを提起しています。それらは，意思決定，問題解決，創造的思考，批判的思考，効果的コミュニケーション，対人関係スキル，自己意識，共感性，情動への対処，ストレスへの対処ですが，これらを相互補完的なスキル同士に5組にペアリングする考え方が意外に実用的なので紹介しましょう（表1）。

例えば，社会性の課題や指導内容にあげられる自己理解というテーマでは，WHOのライフスキルの「自己意識」に着目し，同時に「共感性」の補完関係にも気づくことができます。共感性とは，他者の気持ちや生活がどのようなものであるかを想像するスキルで，自分とは違う他者を理解し，受け入れることに役に立つとされます。自己理解というテーマが，実は個人レベルのアプローチだけでは難しいということに気づかされます。

WHOのライフスキル教育にも，ICF同様にそれらを指導内容に用いることによって新たな支援の発見の可能性を感じさせます。

表1　ライフスキルの相互補完的な5組のペアリング

1	2	3	4	5
意思決定 ＋ 問題解決	創造的思考 ＋ 批判的思考	効果的コミュニケーション ＋ 対人関係スキル	自己意識 ＋ 共感性	情動への対処 ＋ ストレスへの対処

4．個別の教育支援計画と個別の指導計画を区別する

最後に，ICFに戻って，授業つくりへの活用について考えてみましょう。

特別支援教育における授業つくりには，一人一人について立てられた個別の教育支援計画や個別の指導計画の反映が欠かせません。しかし，現状では，個別の教育支援計画と個別の指導計画の区別さえあいまいで，双方に重複した表記がされるなど十分に機能していない一面もまだ見られます。

実は，ICFには，この問題を明快に解くヒントが示されています。それは，生活機能の3つのレベルである生物レベル，個人レベル，社会レベルをそれぞれに分担させることです。つまり，個別の指導計画には，子ども本人が活動する個人レベルの内容を記述し，それに対して個別の教育支援計画には，医療面（生物レベル）や福祉サービス面（社会レベル）のニーズに重点を置いて記述するのです。そうすることで，両者の役割が区別されてニーズのレベルが整理され，しかも，両者を相互作用によって強く関係づけて考えること

もできるようになります。

（安永啓司）

《文献／資料》

- 上田敏（2005）：ICF（国際生活機能分類）の理解と活用―人が「生きること」「生きることの困難（障害）」をどうとらえるか―．きょうされん．
- 東京学芸大学教育学部附属養護学校（2002）：東京学芸大学教育学部附属養護学校研究紀要，47．
- WHO編，川畑徹朗・西岡伸紀・高石昌弘・石川哲也監訳，JKYB研究会訳（1997）：WHO・ライフスキル教育プログラム．大修館書店．

授業実践

プラクティス1-①
音でおはなししよう♪ 対話のエチュード

Key Words：音楽， コミュニケーション， 自他への気づき

ねらい／趣旨	・発話やコミュニケーションに課題のある子どもに対し，音を媒介とした非言語コミュニケーション活動を通して，コミュニケーションの素地（自己の気づき・他者との相互交流）を育てる。

教材／道具

- コンガ，タンバリン，テンプルブロック，木琴，大太鼓，小太鼓，スタンドシンバル等

※子どもの実態に応じて選択するとよい。

評価／効果

- 自分や相手が生み出す音に気づく
- 相手と音や間合いを合わせる
- 相手と交互に音のやりとりをする
- 自ら表現ややりとりを工夫する

支援／活用のポイント：子どもに応じた楽器選択・環境設定

楽器によって音や形状，素材等それぞれ特色があります。例えばタンバリンは手に持って叩けるため，子どもに叩いてほしいタイミングで子どもの前に差し出すことができます。コンガは大きく存在感があるため，子どもとの距離感が保てます。叩き方もバチで叩くか手で叩くか，座るのか立つのか……。子どもの実態とねらいに応じて環境や場面の設定をしていくことが大切になります。「音＝楽器」に捉われず，床や壁を叩いたり，声や歌を使ったり，子どもの表現を最大限に引き出せるように工夫します。

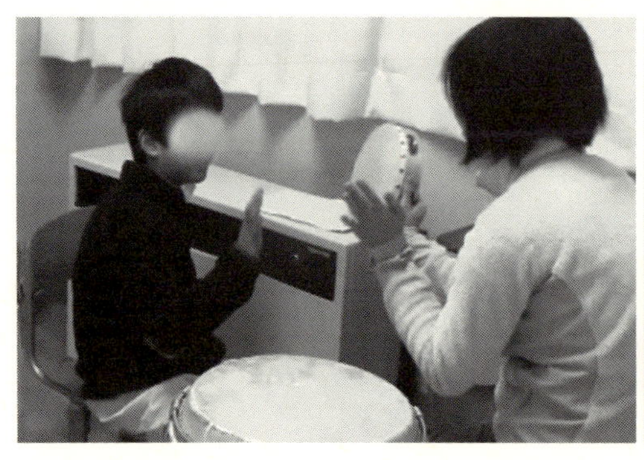

展開／指導手続き／方法など：

■指導計画

時数	学習内容	手続き・方法
1～2	•楽器に慣れる •指導者に慣れる	•子どもの意思を尊重し，楽器や指導者に慣れることを目的とする。そのため子どもが奏でた音を子どもがどう受容しているのかを観察するとともに，指導者は受動的な対応を心がけ，子どもの音や間合いに合わせるようにする
3～8	•音でやりとりをする	•子どもの実態に応じて楽器や椅子などを選択し，配置を整え環境設定を行う。「２人で同時に音を奏でる」活動から徐々に「２人で交互に音を奏でる」活動へと移行し，更なるやりとりの充実を図る

■指導者の定義

♪子どもの音・楽器と指導者への意識によって段階別に分け，それに応じた指導者の働きかけの定義に沿って進めます。

■指導の応用

子どもの状態に対する指導者の働きかけの定義

段階	子どもの音・楽器と指導者への意識	指導者の働きかけ
0	入室拒否	指導中止
1	入室はするが楽器を叩かない	楽器を叩く見本を提示し，指導者から働きかけをする
2	楽器は叩くが指導者への意識はない	子どもの反応に対してテンポやリズムを模倣したり，応答的な働きかけをしたりする。音で気づけないときには，歌や言葉かけでフィードバックを行う
3	楽器を叩き指導者への意識もある（初期段階）	子どもの反応に対してテンポやリズムを模倣したり，応答的な働きかけをしたりする
4	楽器を叩き指導者への意識もある（発展段階）	子どもの反応を模倣したり応答したりするだけでなく，指導者のほうからもテンポやリズムを提示していく。いろいろなリズムやテンポを用いてやりとりを行う。あえて間をとるなど子どもが予測しない対応をとり，子どもの反応をうかがう

♪指導者とのやりとりが充実してきたら，友達同士でのやりとりに移行することもできます。その際の子どもの組み合わせにも注意を払う必要があります。

♪当然，指導者のときとは異なり，自分の思いが通らない状況が出てくるかと思いますので，発散したり，自分の気持ちに折り合いがつけられたりするようなフォローが必要になります。

（小林加奈子）

授業実践

プラクティス1-②
小学部における音楽交流と合同演奏

Key Words：音楽，交流及び共同学習，小学部

ねらい／趣旨

- 特別支援学校小学部と小学校通常学級３年生の交流及び共同学習で，双方の児童の実態に合わせた合同演奏を行い，協力して一つの音楽作品を作り上げる。
- 誰もがよく知っている楽曲を取り上げ，生涯にわたる社会参加へ向けての体験を積む機会とする。

教材／道具

- 「よろこびの歌」（作詞：岩佐東一郎，作曲：ベートーベン）のハ長調（C）及びト長調（G）の楽譜
- ハンドベル，グロッケン……特別支援小学部
- リコーダー……小学校３年生

評価／効果

- 器楽と歌唱に関する「知識及び技能」「思考力，判断力，表現力等」「学びに向かう力，人間力等」の評価
- ①お互いの演奏に対する感想や評価，②一緒に演奏したことに対する感想や評価

支援／活用のポイント：

- 合同演奏を行うにあたって，それぞれの児童の実態に合わせて参加方法（楽器の選択等）を工夫し，無理がない構成を行うことで，交流及び共同学習における音楽活動が成立する。
- 児童が実際に合同演奏を体験し，その印象（感動や発見）が鮮明なうちに感想や評価を述べ合い，交流や音楽活動の意義を意識させる。

合同演奏「よろこびの歌」の構成（１番～４番まで続けて演奏する）

１番：特別支援学校児童によるハンドベルとグロッケンの演奏（ト長調）
２番：通常学級の小学校３年生によるリコーダーの演奏（ト長調）
３番：特別支援学校及び小学校３年生児童の代表による独唱（ハ長調）
（４人がソロでワンフレーズずつ歌う）
独唱１：はれたる　あおぞら　ただよう　くもよ
独唱２：ことりは　うたえり　はやしに　もりに……（独唱３，独唱４も同様）
４番：全員で斉唱する（ハ長調）

展開／指導手続き／方法など：

■ **全体計画**

本事例は，特別支援学校小学部と小学校通常学級３年生との年間３回の交流及び共同学習の中で３回目に音楽交流を行った事例である。３回目の交流プログラムでは前半部分でそれぞれの学校で取り組んでいる歌や合奏を披露し，後半部分で合同演奏の合わせ練習とその発表を行うこととした。

合同演奏で取り上げた楽曲は，双方の音楽教科書に掲載されている「よろこびの歌」。メロディが単純でわかりやすく，原曲の歌詞には「すべての人々は兄弟となる」という本作品のテーマが含まれており，交流及び共同学習にふさわしい楽曲である。

■ **事前準備**

事前に双方の音楽担当者が打ち合わせを行い，特別支援学校の児童は個々の児童の実態に合わせてハンドベル（商品名「ベルハーモニー」や「トーンチャイム」を使用）やグロッケンを中心にした合奏をト長調で行い（１番とする），通常学級の３年生はコーダーの指導の初期段階であったことから，ほぼ片手の指使いで演奏できるト長調でリコーダー演奏を行う（２番とする）こととした。さらに３番からはキーをハ長調にして，それぞれの学校から歌唱のソロパートを歌う児童を２名ずつ選出し，交互に歌唱を行い（３番とする），最後に全員で歌う（４番とする）構成にして，当日まで練習してくることにした（前ページの構成を参照）。

■ **当日の展開**

合同演奏では，まずお互いの練習の成果をそれぞれに発表し合い，その後，それらを合体して１番から４番まで続けて演奏した。数回の合わせ練習で１番から４番までのつながりがスムーズになり，児童たちは一つの作品が出来上がる過程を体験しながら，仲間と一緒に演奏する喜びを感じることができた。授業の最後の振り返りでは，お互いの演奏のよさや発見したことについての感想がたくさん聞かれた。

■ **まとめ**

本実践は教科「音楽」の実践であると同時に交流及び共同学習の実践でもある。日々の音楽の授業で学んできたことを発表する機会となるとともに，交流する仲間と一緒に演奏することで，音楽の新しい価値の発見や学びの広がりにつながったと考える。それを可能にしたのが児童の実態に合わせた参加の仕方と構成の工夫であった。今後，インクルーシブな教育実践の実現に向けて音楽ならではの取り組みが期待される。

（工藤傑史）

《文献／資料》

- 文部科学省（2009）：よろこびの歌　新しい音楽　教師用指導者伴奏編４．東京書籍，pp. 66-67.
- 文部科学省（2012）：よろこびの歌　音楽☆☆☆☆　教科書解説（伴奏編）．東京書籍，p. 191.

授業実践

プラクティス1-③
ラケット競技への取り組み ～バドミントン～

Key Words：遊び感覚，身の周りの物やなじみのある物を教材に

ねらい／趣旨	・道具の操作性向上，余暇活動への発展道具を使う活動を通して，扱いに慣れ親しみ，楽しさを感じながら道具の操作性を高める。家庭で手軽に取り組める活動を増やし余暇活動を広げる。

教材／道具

- バドミントンラケット
- ラケットサイズの虫取り網
- シャトル
- 棒の先に付けたシャトル

評価／効果

- 虫（シャトル）を網でキャッチすることがわかったか〔活動のイメージ〕
- 投げられたシャトルをラケットと同じ長さの網でキャッチできたか〔距離感，操作性〕

支援／活用のポイント：

- バドミントンの紹介から行わず，児童・生徒がもっている虫取り遊びをイメージさせながら取り組みはじめる。グリップ（握り）から面（網）までの距離感を身につける活動を十分に行う。キャッチできる楽しさを十分に感じられるよう，難易度の低い取り組みから行う。

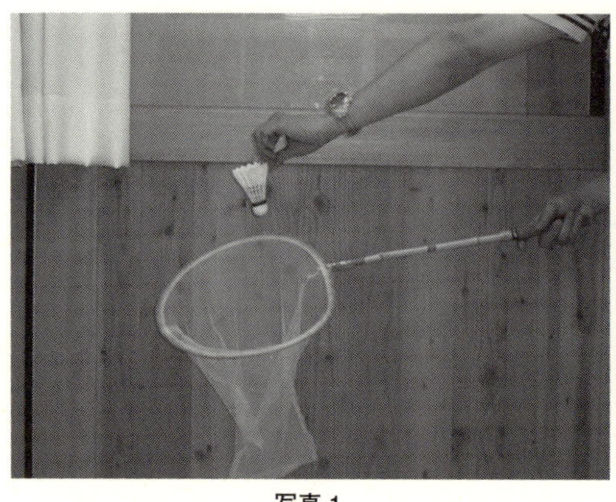
写真1

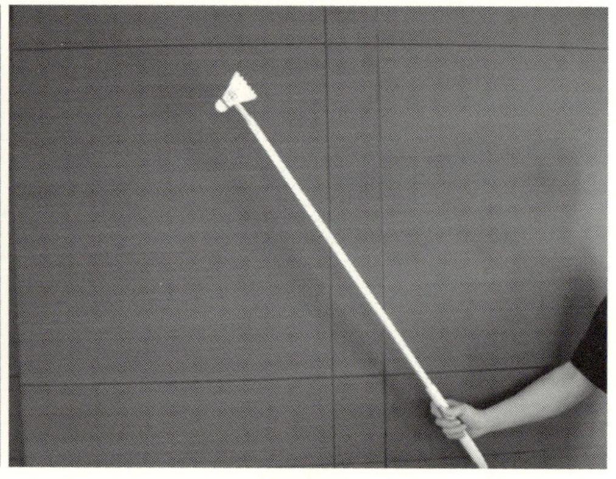
写真2

展開／指導手続き／方法など：

■取り組みにあたって

特別支援学校の体育活動において，ラケット競技は難易度が高い印象があるせいか取り組まれる機会が少ない。児童生徒の多くにはオリンピックなどいろいろな場面で目にするテニス，卓球，バドミントンなどのラケット競技のイメージは十分にあり，興味も高い。しかしラケット競技は，一定のスキルがなくては十分に楽しむことができない。このスキル（道具の操作性）は他の競技に比べ難易度が高く指導が行いにくいと思われがちである。そこで視点を変えて，児童生徒たちの遊びの中に目を向けると，近い動きの活動は案外多く存在することがわかる。その動き方や道具の操作性，また動きのイメージを行っていきたい競技とうまつなげていくことで，とりかかりをスムーズにすれば，技術の向上にもつながっていく。

■全体計画

①虫取り遊び……止まっている虫のイラストや模型などを虫取り網で捕まえる遊びを行う。徐々に通常の虫取り網からラケットの大きさ，グリップ（持ち手）に移行していく。**＊イメージづくり**

②空中にある虫を網でキャッチ……写真２のような棒や，天井から吊した虫等を使用する。**＊道具の操作性，空間認知力**

③近距離からのシャトルのキャッチ……教員が網をねらって投げ入れる。移動せずその場で行う。**＊成功体験**

④移動しながらのキャッチ……左右に投げ分けられるシャトルをキャッチする。徐々に移動距離を延ばしていく。**＊ラケット感覚**

⑤ノックキャッチ……教員がラケットで遠くに打ったシャトルを追いかけて網ラケットでキャッチする。**＊ラケットワーク，ステップ**

⑥シャトルを打つ……天井から吊されたシャトルをラケットで打つ。**＊面で打つ技術**

⑦投げたシャトルを打つ……教員が近距離から投げたシャトルを軽く打つ。**＊ストローク練習**

⑧ゲーム形式活動……何回続けて打てたか，難しい打ち方ができたかなどゲーム感覚で取り組む。**＊ゲーム性**

• 常に打ちやすい球，同じ感覚で打てる球を繰り返し打つ練習を重ねる。

■余暇への発展

シャトルが打てるようになったら，休み時間に遊びに取り入れたり，家庭に活動を伝え，家族で楽しめるよう促す。技術や興味が高い生徒には，競技としてのバドミントンを勧め，取り組んでいく。

（原田純二）

● 授業実践 ●

プラクティス1-④
自分に必要な体力を考え運動に取り組もう

Key Words：実態把握，動機づけ，自己管理

ねらい／趣旨

- 知的障害のある生徒は自身の健康への意識が低いとされている。
- 健康や体力についての実態把握を行い，動機づけを行ったうえで運動に取り組んでいく必要がある。
- 休日や卒業後の生活につなげるため，自己管理を行うための教材教具作りとその活用が求められる。

教材／道具

- 実態把握表（身長・体重，BMI，身体活動量，体力・運動能力，習慣等調査結果，地域のスポーツ施設と利用状況等が記載されているもの）
- 活動量計（万歩計）
- ガイダンスのためのスライド（運動することの意義，体力の要素とその高め方等について記載されているもの）
- 体育ノート（個々の運動メニューが記載されているもの）

評価／効果

- 身体測定結果（身長や体重，BMI）の推移，体力・運動能力調査の結果の推移を確認する。保護者面談の際，上記2つの結果に加え，休日の過ごし方，地域のスポーツ施設の利用状況等について本人を含めて話し合い，身体状況や運動への取り組み姿勢等について総合的に評価する

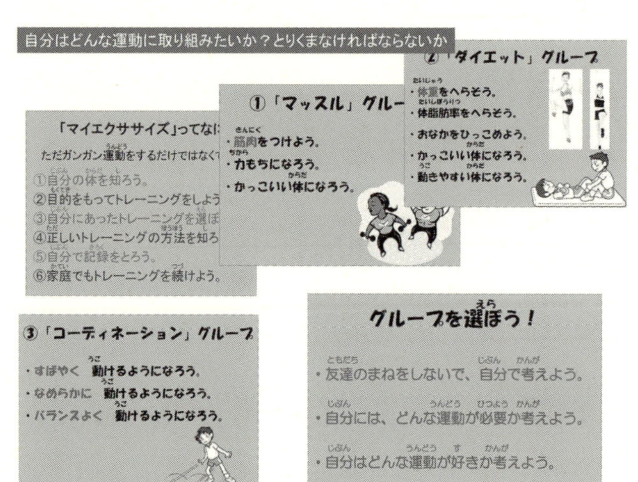

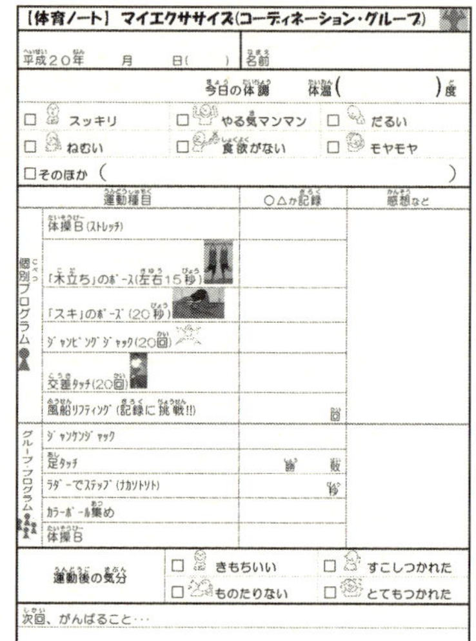

【体育ノート】マイエクササイズ(コーディネーション・グループ)

平成２０年　月　日(　)　名前

今日の体調　体温(　)度

□スッキリ　□やる気マンマン　□だるい
□ねむい　□食欲がない　□モヤモヤ
□そのほか（　）

	運動種目	○△か記録	感想など
個別プログラム	体操B(ストレッチ)		
	「木立ち」のポーズ(左右15秒)		
	「スキ」のポーズ(20秒)		
	ジャンピングジャック(20回)		
	交差タッチ(20回)		
	風船リフティング(記録に挑戦!!)	回	
グループ・プログラム	ジャンケンジャック		
	足タッチ	勝　敗	
	ラダーでステップ(ナカソトソト)	秒	
	カラーボール集め		
	体操B		

運動後の気分　□きもちいい　□すこしつかれた　□ものたりない　□とてもつかれた

次回、がんばること・・・

支援／活用のポイント：

身体測定結果や，体力・運動能力調査結果を生徒にわかりやすく伝えるための工夫を行う。養護教諭や栄養教諭と連携し保健の学習に取り組む等して，生徒に健康・運動についての基礎的な知識・技能を身につけさせていく。学校で行った運動を生徒が家庭でも自ら行えるように，教材の活用を重視した取り組みを行う。

展開／指導手続き／方法など：

体力づくりを考える際，単に活動量を増やすことを目的とするのではなく，生徒が自身に必要な運動は何かを考え，在学中はもとより卒業後も自ら主体的に運動に取り組むことができるようになることを目標として，教育課程に位置づけ実践を行う。体力とは，持久力のみならず筋力，瞬発力，調整力等の要素も指す。特に知的障害児の場合には運動発達において不均衡を示すため，それらを改善するという意味でも，一つの体力要素に偏ることなく調和的に向上させていくことが重要である。

まず，実態把握では，生徒の自己理解を深めることをねらいとする。テストや測定により結果を出すことではなく，それらの結果の意味を生徒に理解させることに重点を置く。また，あわせて本人および保護者の希望表や，スポーツに関するニーズ調査も実施する。

次に，運動に対する動機づけを行うために，ガイダンス機能を充実させる。「自分に必要な運動は何か」を生徒に考えさせ，運動の内容，頻度，強度について教員が提案し，本人と確認しながらそれを決定するという手続きを踏む。

さらに，自身の健康・運動についての自己管理を行うことができるようになるために，教材（体育ノート）を一人一人に作成し，そのノートを手がかりに生徒が各自運動を実施するという授業展開の定着を図る。体育ノートには，運動メニューのみならず各種目の回数やセット数，指導上の留意点等を記載し，生徒はメニューをこなすたびに表にチェックをしながら各自運動に取り組む。また，運動前後の気持ちの変化等を記入し，その日の取り組みへの自己評価（セルフチェック）を行う。さらに，健康管理のための測定（セルフモニタリング）を導入し，体重や体組成の測定，活動量計による歩数の測定を生徒自身が行い，それらを毎回の体育ノートにも記入する。

（渡邉貴裕）

《文献／資料》

• 渡邉貴裕・鈴木宏哉・他（2016）：知的障害特別支援学校における学校体育に位置付けた肥満予防のプログラム開発とその効果の実証．発達障害研究，38（4），439-453.

授業実践

プラクティス1-⑤
一人通学に向けた取り組み

Key Words：日常生活の指導，通学指導，交通機関の利用

ねらい／趣旨	・安全に気をつけて通学する。 ・電車やバスの中のマナーを身につける。

教材／道具

- 下校指導の段階表
- 電車やバス内のマナーを教えるためのイラストカード

評価／効果

- 段階①から始め，安全に移動ができたら次の段階に進む
- 電車やバス内のマナーを守って乗降車できているかどうかを，保護者・教員が後ろから見守りをして評価する

支援／活用のポイント：

保護者会や面談等で下校指導の段階表を保護者に提示し，共通した指導を行う。電車やバス内のマナーを教えるためのイラストカードは，それぞれの課題に合わせ必要に応じて作成する。暗黙のマナーを視覚化することで，対象児童に理解を促す。特に自閉症スペクトラムの児童を対象に指導する。

表1　下校指導の段階

段階①	手つなぎで送迎する
段階②	5ｍ未満の距離で見守る
段階③	5ｍ以上の距離をあけて見守る
段階④	15m以上の距離をあけて本人に気づかれないように見守る
段階⑤	見守りがなく，まったく単独で行動している

写真１

展開／指導手続き／方法など：

スクールバスがない学校であるために，「公共の交通機関を使って１時間以内で通学できること」が学区域の条件とされている。小学部低学年の段階から一人で道路を歩く練習をしたり，交通機関を利用したりすることは，将来的には職場までの自力通勤，余暇活動の広がりにつながる点で利点がある。

■通学指導の方法

小学部段階から一人下校への取り組みが始まる。まずは，下校から指導を開始する。最寄り駅までの約700mの間に，教員から保護者への引き継ぎ場所を正門，踏切前など７か所程段階的に設けている。児童が不安をもたずに歩き，教員の見守りのもと，保護者と一緒でなくても歩けるという自信がもてるようにするためである。教員も保護者も左ページの表１に従って指導し，徐々に児童との距離を離していく。道路を歩く際には，①道路の端（白線の内側）を歩く，②走らず，一定の速度で歩く，③道路を渡るときには左右を見て車に気をつける，④踏切では交通擁護員の指示を聞いて遮断機が完全に降りてから横を通る，これらが守れているかという観点で評価し，必要に応じて指導する。駅までの一人通学が可能になったら，電車の乗降を一人で行う。保護者は，はじめは同じ車両の少し離れた場所に，次に隣の車両，その次に，児童には降車駅で待っていると伝えて隣の車両で隠れて様子を見るといったように，スモールステップで電車の乗降が一人でできるようにしていく。一人下校がある程度できるようになったら，登校指導も並行して保護者主導のもとで行う。登下校指導では特に，保護者と児童の抱えている課題を共有して考え，協力して解決していくことが重要である。

■公共の交通機関でのマナー

電車やバスでは，動いているときには座席に座るか手すりや吊り輪を持って立つ，降車駅で降りる，知らない人に話しかけないなどのルールを必要に応じて指導する。座る座席を決めてしまうと，誰かが座っているときにもその座席にこだわって座ろうとすることがあるので，実態に応じた指導が必要である。こういったルール以外にも，電車では降りる人が先に降りてから乗る，車内が空いているときには人と間隔を開けて座るなどの暗黙のマナーがあるが，児童に言葉だけで伝えるのは難しい。そういった場合には，写真１のようにイラストカードを動かしてマナーを説明する。事前に約束をし，様子を確認して約束が守れているときには褒め，守れていないときには生徒に指導し，ルールを着実に守れるようにしていく。

（清水麻由）

《文献／資料》

• 工藤傑史・安達真理・他（2000）：経年変化に見る通学指導（個別教育計画を重視した授業づくり―小学部：保護者参加を重視した個別教育計画の実践―）．東京学芸大学附属養護学校研究紀要，45，67-73.

授業実践

プラクティス1-⑥
月経と上手につきあおう

Key Words：月経の手当て，月経の自己管理，月経周期

ねらい／趣旨	
	• 体の変化をポジティブに受け止めることで自分の体と上手につきあうことにつながる。 • グッズの工夫から自己管理する力は培われ，生活のしやすさへ。 • 月経が終わったら次の月経の準備をしておくサイクルをつくり，月経周期と健康のつながりの理解へ。

教材／道具

- 生理用品各種
- 生理用品携帯用ポーチ
- ピリオドノート（月経周期記録表）
- トイレ場面のミニチュア
- 女の子人形（50cm程度）

評価／効果

- 女子のグループ学習で，体の変化を前向きに受け止める気持ちを共有する
- 身についている月経の手当てのスキルを認め合い，マナーを守り自己管理する気持ちを高める

支援／活用のポイント：

排泄に関わるスキル・態度は月経の手当てのベースとなる。月経を迎えると，日常生活の指導において一人一人の月経の手当てのスキルに関しては指導が積み重ねられている。しかし，一人で手当ができた姿が見られた後も，月経と上手につきあえず，手当ての仕方に課題を抱える場合がよくある。仲間との学習で体の変化を正しく受け止められるようにすることで，健康な生活に向けて主体的に向き合う気持ちが育まれる。

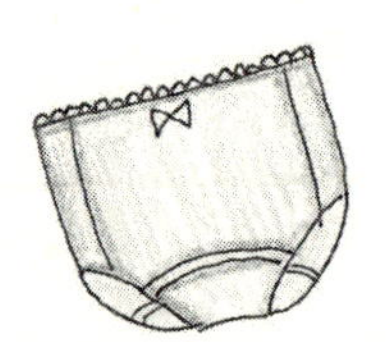

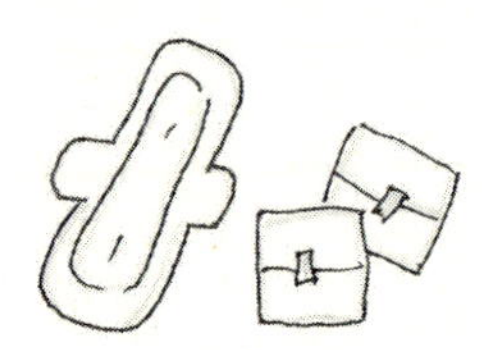

展開／指導手続き／方法など：

■実態と課題を整理する

知的障害ある子どもの二次性徴に対し不安を口にする保護者は多い。思春期を迎え，女子であれば，体が丸みを帯び，乳房が膨らんだり，発毛・初経が見らる。これらの変化は，個人差が大きく，生徒自身も自分の日々の体の変化に戸惑い悩む時期となる。生徒によって，自分の変化を受け止めるのに苦労し，性毛を抜いたり，汚れたナプキンを投げたり，ナプキンの使用を拒んだり，イライラが続いたり等，見せる姿も様々である。

■保護者との連携

保護者の不安に対応し，二次性徴を健康な証しとして共に喜べるように，正しい情報を提供する。初経前の確認ポイントは排泄に関わるスキルの獲得。初経後の指導のポイントは，前向きに月経とつきあう気持ちを育むこと。

■初経を迎えた女子のグループを対象とした授業

初経を迎えていない生徒が対象となる場合は，十分に本人の気持ちに配慮し進める。自分の体の変化と他の生徒の変化が違っていても心配ないと肯定的に受け止めることのできるよう進めなくてはならない。

実際の授業では，机上に模擬トイレを設置し，人形の月経の手当てを生徒が行うことで，具体的なイメージをもてるようにして，月経の手当ての仕方を学べるようにする。３人程度のクループで繰り返し体験できるとよい。主なポイントは，①トイレの施錠，②汚れたナプキンの捨て方，③新しいナプキンの付け方，④排泄もすること，⑤トイレ使用後の確認について。実際の練習を行っている様子は，フィードバックができるよう活動の様子を写真に残し，ワークシートでポイントを確認できるようにして，写真も貼るようにするとよい。このほか，「ナプキンを取り替えるタイミング」「トイレが汚れた場合の対処の仕方」「下着が汚れた場合の対処の仕方」「月経周期と次の月経の準備」についても，人形を用いたロールプレイで生徒がイメージをもてるようにしながら練習を行う展開が考えられる。１回の授業で盛り込むポイントは，課題を踏まえて絞るとよい。指導にあたっては，生徒が自分の体とポジティブに向き合えるようなキーワード「女子力アップ」等を用いながら，楽しい雰囲気で行うこと。定期的に課題を捉え直しながら，学習場面を用意し繰り返すことが有効である。

（蓮香美園）

《文献／資料》

- 大井清吉・井上美園（1987）：ピリオド・ノート．大揚社．
- 加瀬進・蓮香美園（2009-2011）：障害児性教育ガイドブック．東京学芸大学特別開発研究プロジェクト．

授業実践

プラクティス1-⑦
手の清潔と健康

Key Words：保健，感染症予防，手洗い

ねらい／趣旨	・なぜ手洗いが必要なのかについて知る。 ・正しい手洗いの方法を身につける。

教材／道具

- ヨード液
- でんぷん糊
- タブレット端末
- ワークシート（左右の手型）
- 手洗い順番表

評価／効果

- 手洗いする理由について知ることができたか
- 正しい手洗いの方法を身につけ，普段の生活場面でも実践しようとしているか

支援／活用のポイント：

手洗いは，基本的な生活習慣の一つであると同時に，インフルエンザ等の感染症予防の観点からも重要な行為である。正しい方法を身につけるとともも，理由にも焦点を当て，汚れを「見える化」することで，生徒の主体的な姿を引き出すことを期待した。

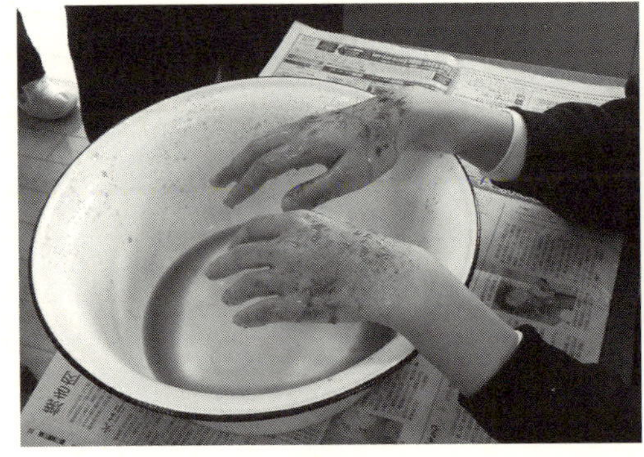

写真１

写真２

展開／指導手続き／方法など：

幼稚部や小学部段階では，手洗いは日常生活や遊びの文脈で指導され習慣化が目指されている。本校の学校研究にて，幼稚部から高等部までの系統立てた教育内容の検討を行うため，まず，全校の生徒（幼児児童を含む）を対象に「手洗い」「歯磨き」「入浴」というセルフケアに関するものについて，それぞれの実態を担任に評価してもらった。「手洗い」については，①手順，②タイミング，③手洗いをする理由の3つの質問からなり，①手順（10項目：袖をまくる，石鹸をつける，手のひらを洗う，手の甲を洗う，指の間を洗う，爪の先を洗う，親指を洗う，手首を洗う，水で石鹸を流す，ハンカチ・タオルで拭く）は，「一人でできる」「声かけでできる」「手添えでできる」「できない」の4段階評価とした。その結果，幼稚部では大半の幼児が大人と一緒に手洗いを行っている一方で，中学部や高等部の生徒では個人差はあるものの多くの生徒が一人で手洗いができており，手洗いの手順の指導の中心的な時期が小学部段階であることが明らかとなった。さらに，生徒の普段の手洗いの様子を事前調査したところ，生徒の半数以上は習慣化されておらず，正しい方法を獲得していなかった。そのため，保健学習において，正しい方法を身につけるとともに，「なぜ手洗いをしなければならないのか」「手洗いをしないとどうなるのか」という理由にも焦点を当て，汚れを「見える化」することで，生徒たちの主体的な姿を引き出すことを期待した。

■手洗いをする理由に焦点を当てる

担任が手洗いせずに食パンを食べる場面を設定し，手洗いする理由（汚い，ばい菌など）を生徒から意見を引き出せるようにした。ティーム・ティーチングとして養護教諭も指導に参加し，ウイルスが増殖する動画や具体的な症状のイラストを使用し，「なぜ」を生徒が考えられるようにした。

■汚れを実験により「見える化」する

「でんぷん糊とヨード液」（写真1参照），「蛍光ローションとブラックライト」といった視覚化できる実験を教材に用い，生徒が経験を通し，正しい手洗いの方法を知り，丁寧に手を洗おうという気持ちをもてるようにした。さらに，タブレット端末のカメラ機能を使用し，正しい手洗いを知る前後に行った実験での自分の手の汚れ具合を撮影，ワークシートの手型に色を塗る活動を設定した（写真2参照）。

（大関智子）

《文献／資料》

- 會澤加奈子・大関智子・他（2015）：第1部研究成果報告 生活支援作業部会報告．東京学芸大学附属特別支援学校研究紀要，59，27-39.

授業実践

プラクティス1-⑧
働く力を身につける作業学習

Key Words：作業学習，自己評価

ねらい／趣旨
- 「働く意欲・喜び，役割意識」「作業能力」「対人関係」を育む。
- 地域社会の中で主体的に働くための実用的な知識，技能，態度を学ぶ。

教材／道具
- 作業日誌
- 学部段階に応じた製作マニュアル

評価／効果
- 自己評価から他者評価を受け入れることができたか

支援／活用のポイント：

表1　就労支援内容配列表（要素分類のみ）

働くことに関する意識や技能			職業についての知識と理解	自己理解と職業適性		職業生活の理解と生活設計		実際の社会への移行
働く意欲・喜び・役割意識	作業能力	対人関係		自己理解 自己選択	職業適性 就業体験	職業生活の知識と理解	将来の生活と生き方	

「作業学習」は，本校教育課程の就労支援区分に位置づけられている。表1にある各要素の中でも「働くことに関する意識や技能」の部分に対応し，中学部と高等部において，段階性をもたせた学習を展開している。例えば陶工班は，中学部段階では，のし棒やたたら板を使用した比較的簡易な製作方法であるのに対し，高等部段階になると機械ろくろの使用など，より高度な操作性を求められる作業に移行していく。また，評価の方法も段階性をもたせ，自己評価・他者評価を客観的に受け入れていけるよう指導している。

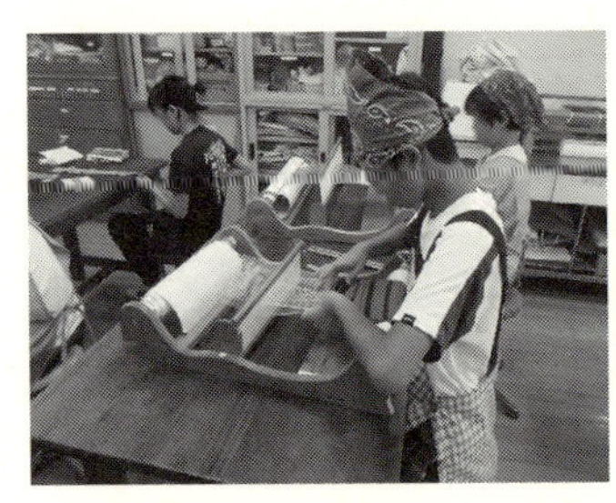

中学部　一人一人が手順に沿って作業に従事する

高等部　協力して行う作業も合わせて行う

表２　作業学習における中学部と高等部の比較

	中学部	高等部
時間数	週２回各２時間（計４時間） （４週間毎日作業に取り組む「校内実習」の期間がある）	週２回各２時間（計４時間）
作業班	陶工班，農耕班，手工班	陶工班，農耕班，木工班
目標	ものを作る作業を通して，働く態度や生活に必要な態度を身につける	実際の作業を通して，働くための技能・態度・体力を身につける
販売会	11月；販売会（主に保護者に向けて作った製品）	８月；夕涼み会　12月；販売会（外部に向けて作った製品）
評価の方法	どういう状態が「できた／できていない」のか，自己理解することにつながる経験のため，今日のまとめを教員と共に考えて，「がんばりシール」の色を決めている	自分の作業に対する客観視を求められる学年であることを考慮し，作業日誌の目標に対して自己評価・他者評価の両方の欄を設けている

表３　中学部各作業班共通でつけたい力

①移動・入室・準備	遅刻せずに入室する／きちんと挨拶をする
②作業中	はっきり返事をする／自分の仕事がわかる／仕事の区切りで報告をする／わからないことを質問する／間違えたときにすぐ報告する／自分の仕事に一定時間持続して取り組む／自分の仕事に集中して取り組む
③休憩時間	必要に応じ，トイレを済ませる／仲間とゆっくり過ごす
④片付け・反省会・退室	きちんと片付ける／自分のやった仕事を振り返る／自分の目標について振り返る／作業日誌に記入する／忘れ物をしないで退室する

注）東京学芸大学附属特別支援学校（2011）より抜粋

（渡邉美帆子）

《文献／資料》

- 国立特殊教育総合研究所・世界保健機関編著（2005）：ICF（国際生活機能分類）活用の試み―障害のある子どもの支援を中心に―．ジアース教育新社．
- 東京学芸大学附属特別支援学校（2011-2014）：教育課程の新たな展開に向けた取り組みⅠ～Ⅳ．東京学芸大学附属特別支援学校紀要，No. 56-59.

● 授業実践 ●

プラクティス1-⑨
自己評価を組み込んだ授業実践

Key Words：具体的な目標設定，セルフモニタリング，自己評価

ねらい／趣旨

- 授業における個別の目標を教員と本人が一緒に確認する。
- 目標に対する取り組みをモニタリングできるようにする。
- 授業の最後に目標に対する取り組みを自己評価させることで行動の改善を促す。

教材／道具

- 授業における個人の目標を記載し提示するカードなど
- 目標に対する取り組みをモニタリングできるツール（活動記録表，デジカメ・iPad などによる動画）
- 自己評価した結果を記載する表

評価／効果

- 目標に対する正しい自己評価ができるようになったかどうかを評価する
- 正しい自己評価が可能となると本人における目標理解と活動・取り組みが向上する

支援／活用のポイント：

目標に対する正しい自己評価ができるようになると，つまり，目標に対して自身の活動・取り組みが適切に行われていたかどうかを判断することができるようになると，目標の理解と活動・取り組みが向上する。正しい自己評価を促すためには，①観察可能な具体的な目標設定をすること，②自身の取り組みを客観的に捉えられるツールによって目標に対する状態を捉えさせること，③自己評価をする際に，誤った自己評価は修正すること，児童生徒によっては評価の選択肢を準備することである。

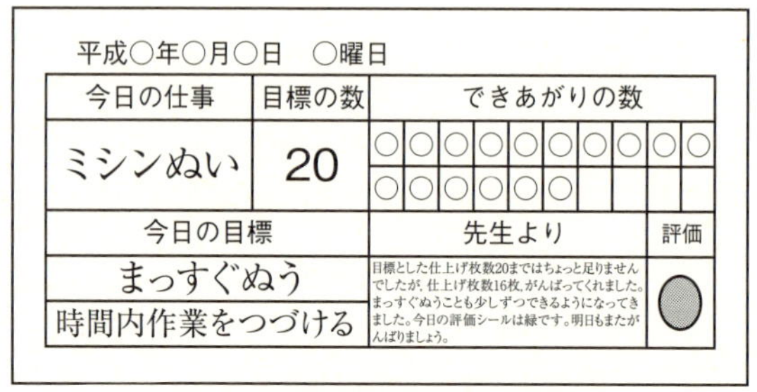

平成○年○月○日　○曜日

今日の仕事	目標の数	できあがりの数
ミシンぬい	20	○○○○○○○○○○ ○○○○○○

今日の目標	先生より	評価
まっすぐぬう 時間内作業をつづける	目標とした仕上げ枚数20まではちょっと足りませんでしたが，仕上げ枚数16枚，がんばってくれました。まっすぐぬうことも少しずつできるようになってきました。今日の評価シールは緑です。明日もまたがんばりましょう。	●

図1　目標確認と取り組み確認表

がんばり表

○大変良くできた　◎良くできた～ふつう
◉ちょっとがんばれなかった　●がんばれなかった

	5/7	5/10	5/13	5/16	5/19	5/22	5/25	5/28	5/31	6/3
名　前	火	金	火	金	火	金	火	金	火	火
生徒A	◎	◎	○	◎	●	◉	○	○	◎	○
生徒B	◉	◉	●	●	●	◉	◎	◎	◎	○
生徒C	◉	◎	◎	◎	／	◎	○	◎	●	○
生徒D	●	◉	◎	／	◎	◎	◎	／	◎	◎
生徒E	◉	◎	◎	◎	○	○	◎	◉	◎	○
生徒F	◎	◎	○	○	◎	◎	◎	◎	○	○

図2　がんばり表

展開／指導手続き／方法など：

①授業における個別の目標確認

特別支援学校の授業においては集団の目標のみならず，個々の目標設定が行われる。個々の目標は教員間で共通認識するだけでなく，児童生徒とも確認することが，授業の取り組みに対する自己評価を行わせるには必要である。その目標は，数量的な基準や行動基準が示され，観察可能で具体的であることが望ましい。その観察可能で具体的な目標によって，その後の目標に対する取り組みのモニタリングを促し，正しい自己評価を促すことになる。個々の目標は図１のような表で明記していく。時には本人に目標設定をさせることも，その活動における自己の力を捉えさせ，より目標に対する理解を高めることにつながる。

②目標に対する取り組みのモニタリング

目標に対する自己評価が行えるためには，目標に対する取り組みを客観視することが必要となる。そのためには，活動記録表，デジカメ・iPadなどによる動画といったモニタリングツールを準備しておくことが必要となる。

③目標に対する取り組みの自己評価

授業の終わりの自己評価では，個々の目標とモニタリングツールによって，目標を達成できたかどうかを判断してもらう。児童生徒によっては，判断しやすい「できた・できない」などの基準を設ける。目標に対する正しい自己評価ができた場合（目標達成に対して「できた」という評価，目標に達していなくて「できなかった」という評価）には，その正しい自己評価ができたことへの賞賛をする。正しい自己評価ができなかった場合には，正しい評価を本人に伝えていく。自己評価した結果は表に記載していく（図２）。正しい自己評価ができるようになると，自分の目標に対する理解が促され，行動も改善することにつながる。時には目標達成できた際に，「○○すると◇◇できるね」と目標達成した要因を伝えてあげるとより行動改善につながる。

④実践例

知的障害特別支援学校の中学部１年生Ａ君は，作業学習における台ふきん作りにおいて，当初，自身の能力以上の30枚を仕上げることを自身で目標設定した。作業ノートに目標を記載し，仕上げ枚数を記録しながら取り組むが，目標に達成することができないことが続き，正しくない自己評価が続いた。ほどよい目標を伝え，自己評価への修正を行う中で，正しい自己評価ができるようになり，やがて自らほどよい目標も設定できるようになり，結果，目標に向けた適切な行動がとれるようになった。

（霜田浩信）

《文献／資料》

- 霜田浩信・井澤信三（2005）：養護学校「作業学習」における知的障害児による目標設定・自己評価とその効果．特殊教育学研究，43（2），109-117.

第2フェーズ

IEP作成と保護者との連携

ナビゲーション

Key Words

IEPとアセスメント，保護者との連携

1．IEP（Individualized Education Program：個別教育計画）

個別の指導計画は，幼児児童生徒一人一人の障害の状態等に応じたきめ細かい指導が行えるよう，学校における教育課程や指導計画，対象児の個別の教育支援計画等を踏まえて，より具体的に教育的ニーズに対応して，指導目標や指導内容・方法等を盛り込んだ指導計画です。1999（平成11）年改訂の「盲学校，聾学校及び養護学校学習指導要領」で初めて公的に規定されましたが，この時点では自立活動の指導及び重複障害者の指導に作成が義務づけられたのみで，2009（平成21）年改訂の「特別支援学校学習指導要領」で各教科等すべての指導での作成が求められました。

個別の教育支援計画は，障害のある幼児児童生徒一人一人のニーズを正確に把握し，教育の視点から適切に対応していくという考え方から，医療，保健，福祉，労働等の関係機関との連携を図りつつ，乳幼児期から学校卒業後までの長期的視点に立って，一貫して的確な教育的支援を行うために作成する支援計画です。2002（平成14）年に障害者基本計画に基づく「重点施策実施5か年計画」の中で個別の支援計画の作成が登場しますが，それに対応した教育版ともいえ，『特別支援学校学習指導要領』（2009〈平成21〉年）において作成が義務づけられました。

学校は，こうした指導・支援計画を子どもたちの実態や地域性，教育課程などに応じた各々独自の様式（項目など）をつくって記載しています。本書では「IEP（個別教育計画）」を，教育課程に依拠することなく，あくまでも本人・保護者からの要望とアセスメント結果を最大限に重視して作成するものとして位置づけました。この点では，個別の指導計画よりも，本人・保護者参加型の立案とエビデンスに依拠した面が一層強調されています。

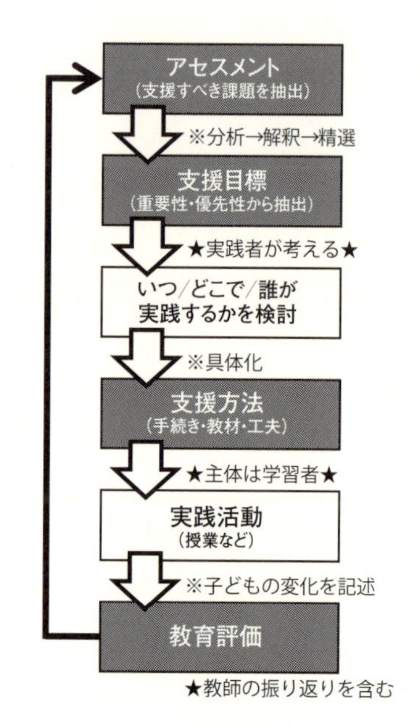

図1　個に応じた教育のフローチャート

IEPには，以下のようなことが記載されます。①発達段階に応じた支援（認識面，言語コミュニケーション面，身体・運動面，社会性，生活習慣などの支援目標と方法），②行動上の問題への支援（集団参加，対人関係，寡動・多動，固執，行動・情緒の問題，安全管理などの支援目標と方法），③環境整備の手続き（障害特性に基づく施設整備，教室環境，学習形態，教材，学習時間など），④子どもの変化と教師の指導の振り返り（支援の実際，支援目標の達成，支援方法の適切さ，効果・影響，次の支援に向けてなど）。

こうした個別の計画書は，図1に示すようなアセスメントから目標などをプランして実践するPDCA（Plan-Do-Check-Act）サイクルを支える根幹になっています。

2．アセスメント（Assessment）

近年の知的障害児支援の学校教育フィールドにおいて，最も重視されているのはアセスメントといえます。アセスメントは，支援を行うにあたって，対象者の課題やニーズを客観的に把握し，その原因の究明や支援計画を立てるために情報を集めることを目的とした手続きと過程全体を指します。支援を展開するうえで必要不可欠なプロセスであり，教師にとって重要かつ最初の仕事といえます。自分勝手な子ども理解・実態把握や不十分であいまいなアセスメントの解釈では，実際の教育支援や援助に支障が生じます。特に，障害のある個人をエビデンスベース（科学的根拠）から見ていく視点とそれに基づく支援の手立ての立案が，愛情・熱意などの精神的な面に加えて支援者にとって必要だとされています。知的障害を扱う諸分野におけるアセスメントの基準や観点には，次の4つがあります。発達における標準と遅滞・偏り，社会生活への適応と不適応，文化・価値における表現の適切と不適切，心身における健康と不健康，です。そして，支援に向けて査定・評価する対象に応じて以下のアセスメントツール（基準や観点）から選択します。

- 知能検査／発達検査：統計基準（平均・標準からの判別）
- 適応スキル尺度：適応基準（集団や状況への順応の判断）
- 生育歴や環境的問題の査定：価値基準（習慣や育ちからの判断）
- 医学的診断：病理基準（精神行動・身体機能の診察）

3．教育評価（Evaluation）

教育実践を行った後の評価（教育評価）には，以下のような方法があります。教育支援の場や目標，子どもの実態に応じた評価を導入します。

【目標準拠型】子ども主体による評価（絶対的な評価）

〈対象児の以前の実態（発達状況）と比較する〉

①意欲・態度　②学習課題の達成度　③活動内容への適応

④友達や教師とのコミュニケーション量／質の変化

＊ほぼ完全にできた；◎，半分・半数ほどできた；○，ときどきできた／もう少しがんばろう；△，まったくできなかった；×，の４段階で評価することが多い

【課題・活動型】課題・活動主体による評価（相対的な評価）

〈集団内や同年齢の他者と比較する〉

①意欲・態度　②学習課題の達成度　③活動内容への適応

④友達や教師とのコミュニケーション量／質の査定

【支援型】活動への支援〔教師の援助〕を主体にした評価（支援レベルの評価）

〈支援した程度による課題・活動の達成度を基準別に評価する〉

１段階；全面介助（身体的な援助）が必要な段階

２段階；個別的な言語指示が必要であり，簡単な援助を必要とする段階

３段階；ほぼ一人で課題が達成可能だが，まだ不十分な段階

４段階；言語指示のみで自発的に達成できる段階

また，学習指導要領においては，観点別評価が推奨されています。「知識・理解・技能」「思考・判断・表現」「関心・意欲・態度」です。「A．知識・理解・技能」では，教育実践の後に，ねらい（めあて）を達成するために必要な基礎的な力の習得度を評価します。知識・理解の例として，身近な物の名前などの語彙や，大小や数，色などの概念，などがあげられます。技能の例としては，物をつかんだり積み上げたり転がしたりするような動作，鉛筆やはさみの使い方などがあります。「B．思考・判断・表現」では，知識・理解や技能を活用して課題を解決するために必要な思考力，判断力，表現力について評価します。思考・判断の例として，見比べる力，推測する力，場に知識やルールを当てはめて行動に移す力などがあげられます。表現の例としては，身体や表情，言葉を用いて表現する力，語彙の中から場に応じた言葉を選択し適切に表現する力などがあります。「C．関心・意欲・態度」では，課題の内容に関心をもち，主体的に課題に取り組もうとする意欲や態度について評価します。例として，課題に積極的に取り組む姿勢や，失敗してもあきらめずにチャレンジする力（レジリエンスなど），友人と協調する姿などがあげられます。加えて，「自己評価・自分自身の気づき」という自己評価（振り返り）の観点もあります。A～Cは，教師による客観的な評価であり，子ども自身が自分の課題・活動を振り返って達成度や習熟度，がんばった点，苦手なことなどについて評価します。具体的な評定として，それぞれ「○；ある」「△；少しある」「×；なし」などの３段階で評価します。

4．保護者との連携（Cooperation）

アセスメントの実施と解釈，IEP の立案を，保護者・関係者などと共に協働して実践することが求められています。特に，子どものことをよく知るのは保護者であり，その思いや考えを無視して教育支援を実践することはあり得ません。そして，保護者や関係者などに効果的に活用してもらい，引き継いでいってもらうためには，①使う人・読む人の立場（役割や職種など）を考慮して，②引き継ぎ先（家庭や支援フィールド）で使ってもらうことを想定することが最も重要です。つまり，教育用語ばかりが躍っていたり，学校現場でのみ可能な環境設定や支援手立て，ツールなどが書かれていても，家庭や他機関などで活用してもらえません。学校での子どもの姿や様子を理解してもらうことが第一の目的ですが，他のフィールドにおいても使える支援のヒントが掲載されていることが大切です。保護者や他機関の支援者にとっては，学校で展開される学習活動そのものの達成度より，以下のような支援の実際に関する記載を期待していることが少なくありません。

（橋本創一）

授業実践

プラクティス2-①
チームIEP ～トイレサインの形成から般化まで～

Key Words：説明と合意，背向型プログラム，人般化

ねらい／趣旨
- 時間排尿が定着している児童への排尿意思のサイン形成。
- 行動目標を教員間および保護者で合意すること。
- 指導手続きや評価方法をチーム内で明示すること。

教材／道具
- 個別教育計画表
- 定時排尿記録表（家庭と共有）
- 指導手続きのフローチャート
- プロンプトとフェイディング
- 複数教員で共有する記録表

評価／効果
- どの教員が行き先を尋ねてもトイレのサインを返すようになった。下校時に，母親に対してサインを自発し，駅のトイレで成功した。その後，家庭でも家族に対するサインの表出が定着した

支援／活用のポイント①：

ポイント１：背向型プログラムで個別教育計画を立てる。
ポイント２：教員チームで指導手続きをフローチャートで共有する。
ポイント３：教員の役割を交代して人般化を試みる。

長期目標	短期目標	主な支援場面	支援内容・方法	評価	
				学校	家庭
尿意を自らサインで知らせることができる	①教員のモデルを見てサインをまねることができる ②教員が「どこに行くの」と聞くとサインで知らせることができる	随時（学校で１日に２～３回）	•サインは，手のひらで腹部を軽く叩く行動とする •目標①が達成できたら②を導入し，②が確実になったら①を徐々になくす •円滑な人般化を促すために②を行う教員は①を実施しておくこと	（　）	（　）
				（　）	（　）
				（　）	（　）
				（　）	（　）

（　）内に記号で記入〔○：できた　△：部分的に，ときどきできた　×：あまりできなかった〕

支援／活用のポイント②：

指導の手続きや手順をフローチャート等で見える化して共通理解を図る。教員Aの手続きは，レベル3に達した段階でフェイドアウトする。また，その後の教員Bの手続きは，複数の教員が交代して担う。

開始
前回から一定時間たった
トイレへ向かったか？
はい
いいえ
承認してトイレへ送り出す
言語プロンプト「トイレへ行きます」＋モデル呈示
はい
トイレサインを自発したか？
いいえ
フィジカルガイダンス＋言語プロンプト
教員A
問いかけ「どこへ行くの？」
はい
トイレサインを自発したか？
いいえ
言語プロンプト「トイレですか？」
承認「トイレね。行ってらっしゃい」
終了
教員B

支援／活用のポイント③：

支援の程度を数値化して記録し，効果をチーム内で共有する。

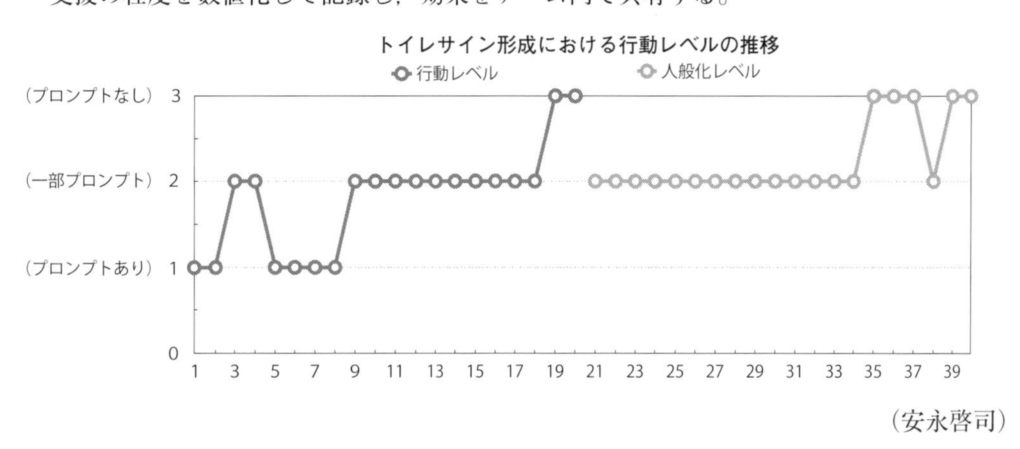

（安永啓司）

《文献／資料》

• 高山佳子編著（2000）：個別教育計画のためのはじめての特別なニーズ教育—援助の必要な子どものQOLをめざして—．川島書店．

授業実践

プラクティス2-②
児童の実態に応じた朝の会の授業

Key Words：朝の会，係活動，日付（数字）の理解

ねらい／趣旨
- 日付や授業，給食の献立等を知り，活動に対して期待感をもつ。
- 2桁の数字の読み書きをする。
- 児童一人一人の目標を盛り込んだ朝の会の実践。

教材／道具
- 朝の歌カード
- CD，ピアノ
- ホワイトボード
- カード教材（日付，天気，授業名，給食，ほか）
- 時計の模型

評価／効果
- 児童B（次ページの説明を参照）には，朝の会の前にあらかじめカードをボードに貼る場面を設定し，読み方の指導を行った。家庭とは連絡帳を通じて指導経過や日付にまつわるエピソードの情報交換を行った

支援／活用のポイント：

朝の会には，日付の確認や出席調べ，予定・下校時刻の確認など，学校生活で必要な様々な活動が盛り込まれている。児童一人一人の実態や目標に基づいた活動を臨機応変に組むことが大切である。

日付・カレンダー係の仕事例①　　日付・カレンダー係の仕事例②

展開／指導手続き／方法など：

朝の会は毎日，決まった流れを繰り返すため，個別の実態に応じた活動を組み立てやすい。ここで紹介するのは小学部低学年学級の朝の会の実践である。児童Ｂ（３年生男子）は個別教育計画上で「２桁の数字の読み書きができる」ことを目標としている。身近な事柄と関連づけて数字への関心を高めるため，日付・カレンダー係の役割を与え，朝の会で毎日発表する機会を設けた。その結果，数字を読むことへの意欲が高まったとともに，２桁の数字を正しく読めることも増え，家庭でもカレンダーを見ながら先の予定を楽しみにする様子が見られるようになった。

■「朝の会」指導案例

○対象：小学部低学年学級１～３年の児童７名

○本時の目標：• 自分の机や椅子を運ぶ。• 友達を誘い，一緒に歌やダンスを楽しむ。

• 今日の日付や授業，給食の献立等を知り，活動に対して期待感をもつ。

• 名前を呼ばれたら返事をし，教員からの簡単な質問に言葉やサインで答える。

<table>
<tr><th></th><th>学習活動</th><th>指導内容</th></tr>
<tr><td>0</td><td>• 玩具を片付けて，机等を所定の位置に運ぶ
• 朝のうたを歌う</td><td>・自分から玩具を片付ける
・友達と協力して椅子を並べる
・教員や友達と一緒に歌やダンスを楽しむ</td></tr>
<tr><td></td><td colspan="2"><table><tr><th>児童</th><th>長期目標</th><th>短期目標</th><th>支援内容・方法</th></tr><tr><td>A</td><td>友達との会話や遊びを楽しむ</td><td>友達と二人組でゲームやダンスに取り組む</td><td>友達の動きに合わせて行動したり，友達と協力したりする活動を通して，集団の中で友達と一緒に行動する力につなげていく</td></tr></table></td></tr>
<tr><td>3</td><td>• 朝の挨拶をする
• 【係活動】日付の発表をする</td><td>・姿勢よく元気に挨拶する
・今日の日付がわかる／日付を正しく読む</td></tr>
<tr><td></td><td colspan="2"><table><tr><th>児童</th><th>長期目標</th><th>短期目標</th><th>支援内容・方法</th></tr><tr><td>B</td><td>２桁の数字の読み書きができる</td><td>30までの数字を正しく読むことができる</td><td>カード教材で読み方の練習に取り組む。日付や時計の読み方など，身近な数字と関連づけながら，本人の意欲を高める</td></tr></table></td></tr>
<tr><td>7</td><td>• 出席調べをする</td><td>・名前を呼ばれたら返事をし，教員からの簡単な質問に言葉やサインで答える</td></tr>
<tr><td></td><td colspan="2"><table><tr><th>児童</th><th>長期目標</th><th>短期目標</th><th>支援内容・方法</th></tr><tr><td>C</td><td>発語を増やす</td><td>挨拶や返事をする場面で声を出す</td><td>適切な場面で声が出たときには賞賛する。授業や遊びの中で口形模倣をしたり，息の吐き方等の練習をしたりする</td></tr><tr><td>D</td><td></td><td></td><td></td></tr></table></td></tr>
<tr><td>10</td><td>• 【日直】教員の出席調べをする</td><td>・教員の顔をよく見て，大きな声で呼びかける</td></tr>
<tr><td></td><td colspan="2"><table><tr><th>児童</th><th>長期目標</th><th>短期目標</th><th>支援内容・方法</th></tr><tr><td>E</td><td></td><td></td><td></td></tr></table></td></tr>
<tr><td></td><td>• 今日の予定を読む</td><td>・授業名や給食の献立を言葉やサインで表す</td></tr>
<tr><td>13</td><td colspan="2"><table><tr><th>児童</th><th>長期目標</th><th>短期目標</th><th>支援内容・方法</th></tr><tr><td>F</td><td></td><td></td><td></td></tr></table></td></tr>
<tr><td></td><td>• 下校時間（時計の模型）を読む</td><td>・下校時刻がわかる／時計を正しく読む</td></tr>
<tr><td></td><td colspan="2"><table><tr><th>児童</th><th>長期目標</th><th>短期目標</th><th>支援内容・方法</th></tr><tr><td>G</td><td></td><td></td><td></td></tr></table></td></tr>
<tr><td>15</td><td>• 終わりの挨拶をする</td><td>・姿勢よく挨拶をする
・次の活動の準備をする</td></tr>
</table>

（長町友紀）

授業実践

プラクティス2-③
指導目標の設定につなげる言語コミュニケーションのアセスメント

Key Words：評価，言語コミュニケーション，指導目標

ねらい／趣旨	・表現の手段や伝わりやすさなど観点を絞って実態を整理する。 ・指導目標の設定に役立つようなプロフィール化を行う。

教材／道具

- コミュニケーション行動を評価する観点を整理した記録用紙
- LCスケール（言語コミュニケーション発達スケール）
- LCSA（学齢版 言語コミュニケーション発達スケール）

評価／効果

- 児童生徒のコミュニケーション面の長所と課題の両方が把握されているか
- 「語彙知識」や「構文力」等の領域ごとに評価がされているか
- 児童生徒の実態が指導計画に反映されているか

支援／活用のポイント：

「言語」（ことば）は，話しことばや手話のように，語彙や語のつながりのルール（文法）などから成り立っている。一方，「コミュニケーション」は，ことばだけでなく，視線や身振りも交えた人との関わり全体を指す。コミュニケーションの基礎が十分に育っていることが，ことばを使いこなすことにつながる。したがって，日常生活場面の様子を分析的に観察して，子どもの表現レパートリーや伝えようとする内容を整理しておくことが指導目標を設定するうえで大切である。評価のツールとして，コミュニケーション行動のチェックリストを用いるとよい。

「ことばの力を伸ばす」という表現が意味する範囲は広い。「ことば」には，語彙の知識，語をつなげて文で表現する力，テーマに沿って話す力，文章を聞いて理解する力など，様々な側面がある。個別の指導計画においては，「ことばのどの領域を伸ばすか」という目標領域を明確にして，そのための手立てを明記する必要がある。LCスケールのような言語発達のアセスメントは，子どもの長所や課題を見出すために有効である。

展開／指導手続き／方法など：

①言語コミュニケーション行動の観察による評価と指導目標の設定

次のようなチェックリストで行動を整理し，指導目標を導き出す。

観察のポイント	児童生徒の様子（例）
表現方法のレパートリー	相手の注目を促す指さしが見られ，10語程度の語彙をもっている
表現内容のレパートリー	指さしや発語は，ほしい物・やりたい活動の要求を表現する
話しことばの複雑さ	一語文が中心であり，まれに「○○やる」という二語文を言う
どういう場面でどういう表現が見られるか	休み時間に大人を相手にした指さしや発語があるが，友達に向けた発語は少ない
表現のわかりやすさ	本児の好みや行動パターンを知っている大人には通じる
上記のすべてを考慮して児童生徒に望まれること	表現がパターン化しているため，伝達内容の幅を広げ，仲間とのやりとりでの表現に広げたい

②LCスケールによる評価と指導目標の設定

LCスケールは，生活年齢にかかわらず言語面の発達が6歳以下の児童生徒に適用できる。コミュニケーション，語彙，語連鎖・統語（文法），語操作・談話（文脈に沿った表現），音韻意識の各領域について，理解面と表出面を評価する。LC年齢とLC指数に加え，右表のような「領域別まとめシート」で児童生徒が得意とする課題や，伸びが期待される課題を見出す。ジェスチャーの理解を伸ばす，動作を表す語彙を増やすといった，低下傾向のある領域や課題に基づいて指導目標を考えていく。

語操作期～発展期

	1歳後半	2歳前半	2歳後半	3歳前半	3歳後半	4歳前半	4歳後半	5歳前半	5歳後半	6歳前半	6歳後半
26 碁石の分類－A. 選択	Pass										
26 碁石の分類－B～D.			2	3							
27 見立て		2	3								
30 ジェスチャーの命名		1		2-3							
30 ジェスチャーの理解		2	3								
32 積み木遊び－A. 順番			Pass								
32 B. じゃんけん 基準ⓐ					Pass						
32 B. じゃんけん 基準ⓑ		Pass									
32 C. 協力		Pass									
36 表情の理解(2)			3-4	5							
41 感情の理解				3	4						
42 勝敗の理解					Pass						
45 状況画の理解(1)A. 説明						1	2				
45 状況画の理解(1)B. 理解				2			3				
57 状況画の理解(2)							5			6	

③センター的機能における通常の学校への助言：LCSAの活用

特別支援学校はセンター的機能として通常の学校への助言を求められることがある。学齢版LCSAは，文や文章の聞き取り，語彙知識，文表現，読みの力など，10の下位検査から児童の言語面の長所と課題をプロフィール化することができる。児童の言語面の困難の背景を探り，個別の指導計画の立案に活用できる。

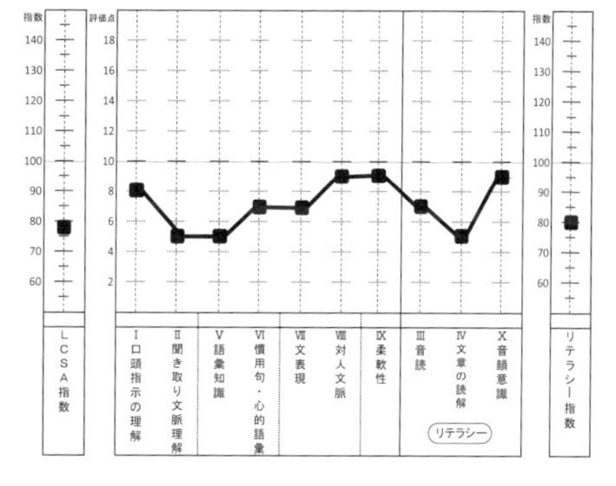

（大伴 潔）

《文献／資料》

• 大伴潔・大井学編著（2011）：特別支援教育における言語・コミュニケーション・読み書きに困難がある子どもの理解と支援．学苑社．

アセスメント

プラクティス2-④
ABC分析による行動アセスメント

Key Words：行動アセスメント，ABC分析，問題行動

ねらい／趣旨	• 児童が示す問題行動をABC分析によりアセスメントする。 • A（Antecedent）：行動の前の出来事 B（Behavior）：行動 C（Consequence）：行動の後の出来事

評価／効果

• 児童の示す行動について，その前後の状況を含めて分析することができる。問題とされる行動を誘発している刺激や，その行動がさらに後の状況に与えている影響を検討することができる

支援／活用のポイント：

行動アセスメントのためのABC分析は，児童生徒の行動の前後を含めて観察し，日常における行動を一つ一つのABCのユニットで切り取ることである。その際，ABCごとに，以下の3点が重要となる。

第1に，目標となる行動を決めていく際に，本人に応じた行動形態を選択することである（Bへのアプローチ）。例えば，コミュニケーション手段を考えた場合，話しことばのない子に，話しことばを目標とすることは，負荷が高すぎないかどうかのチェックが求められる。一方，物を選択する手腕の動きが可能であれば，物を選択するといった手段も目標としてあり得る。また，手指の運動によりサインを作ることが可能であれば，マニュアル手段も目標の候補となり得る。これらのことは，目標とする行動を決める際に，本人にとって現有する行動やチャレンジ可能な行動を見極めなければならないことを意味する。また，例えば，相手からの嫌がらせに対し「はっきりと拒否すること」「その場から逃げること」「先生に伝えること」等の候補がある際に，現在の本人の行動傾向も尊重すべき点である。

第2に，目標となる行動に対し，どのような手がかり・きっかけが機能しやすいかを評価することである（Aへのアプローチ）。言語的手がかり，視覚的手がかり，ジェスチャーやモデリング，身体的手かがりなど，「何」を「どのように」提供することが，本人にとっての行動のしやすさにつながるかを見定めていくことが求められる。

第3に，行動に対する強化として，どのような強化子が機能するかどうかの評価である。なお，目標となる行動には，即時に強化子を提供することが基本となる。

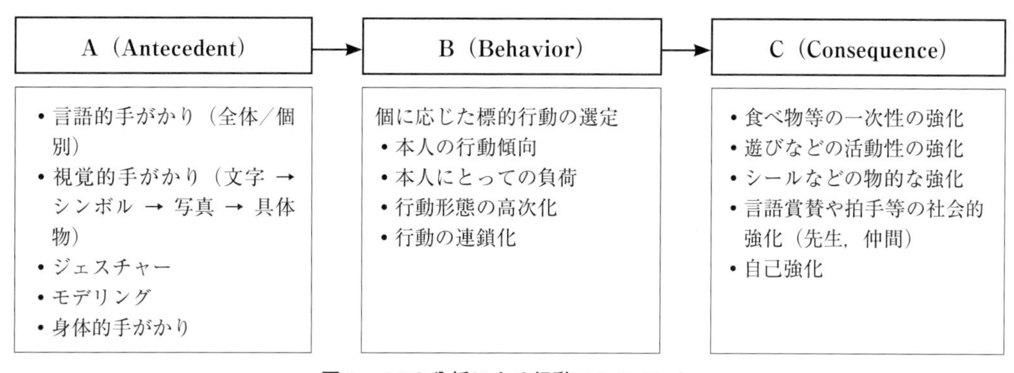

図1　ABC分析による行動アセスメント

展開／指導手続き／方法など：

問題となる行動のアセスメントとしてもABC分析は有用である（図2参照）。まず，ターゲットである問題となる行動（B）の前後の状況（AとC）の観察記録を行い，AとBとCの関係を見極めていく。

問題となる行動に対する「きっかけとなるA」と「その行動の結果として得られたC」といった見方をする。まず，例えば，「（A）作業の時間，釘打ちの課題をしているとき」→「（B）立ったところから尻餅をつき」→「（C）そこにX先生がやってきて起こしてくれた」といった捉え方をする。次に，そのBの前後，AとCでは，どのような環境的変化があったかを検討してみる。この場合，「（A）先生なし」から「（C）先生あり」といった環境的変化があったことが推測できる。この環境的変化こそが問題となる行動を維持する要因になっている可能性が高い。このような2つの捉え方をすることにより，問題となる行動の「機能」を推定していく。問題となる行動には「物・活動の要求」「注目の要求」「逃避」「感覚・自己刺激」といった4つの主な機能があるとされており，その機能に応じた支援・対応が求められる。

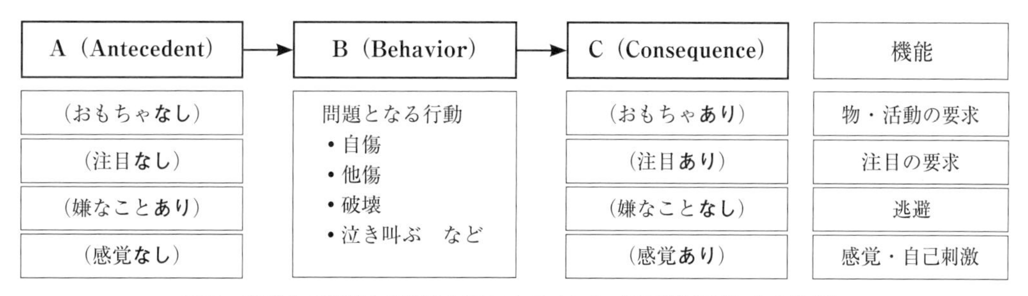

図2　行動上の問題と理解の行動アセスメント（行動随伴性による分析）

（井澤信三）

●アセスメント●

プラクティス2-⑤
児童生徒の発達と行動に基づいた個別の指導計画つくり ~知能と学習のアセスメント~

Key Words：アセスメント，知能・発達検査，指導計画つくり

ねらい／趣旨

- エビデンスベースのアセスメントの実施により，子どもの発達と行動の特性を把握する。
- 知的能力の段階とプロフィールから適切な支援・指導を導く。
- 検査者（心理士）の報告から，担任教師と保護者が違った視点で子ども理解を行い，最適な学習目標を考える。

教材／道具

- 田中ビネー知能検査Ⅴ
- LCスケール（言語コミュニケーション発達スケール）
- KIDS乳幼児発達スケール
- S-M社会生活能力検査

評価／効果

- 本人への知能／発達検査の実施に加え，保護者や担任教師が行動観察に基づく発達評価を実施
- 子どもの発達の様子や生活の姿を総合的に捉えることで，取り組むべき課題を明確にする

支援／活用のポイント：

田中ビネー知能検査とLCスケール（言語コミュニケーション発達スケール）は，心理士が検査道具を用いて個別に評価する。その他に，保護者は家庭生活の姿からKIDS乳幼児発達スケール，担任教師は学校生活の活動の様子からS-M社会生活能力検査を実施する。知能・発達検査は，子ども本人のコンディションに影響される場合がある。家庭での様子，学校での姿を照らし合わせ，総合的に判断する。

展開／指導手続き／方法など：

①家庭の姿から発達を評価

保護者に子どもの発達上の達成・未達成課題を整理し，指導を検討する旨を伝え，KIDS乳幼児発達スケールの評価を依頼する（家族が子どもの様子について質問紙に回答する）。

②学校生活の活動の様子から発達を評価

担任教師はS-M社会生活能力検査による評価を行う（教師が子どもの社会生活面のスキル獲得について質問紙に回答する）。

③個別式検査ツールを用いて知能と言語コミュニケーションの発達を評価

子どもに対して個別に40～60分時間をとり，田中ビネー知能検査Ⅴ，LCスケールを実施する。検査中の様子（取り組む姿勢や注意・集中の時間，検査者とのやりとり，こだわり，切り替えなど）も重要な情報となる。

④子どもの課題の整理・分析

4つの検査ツールから得られた評価を総合し，「言語（理解・表出）」「数概念・算数」「認知（色や形などの認識）」「記憶力」「コミュニケーション」といった領域ごとに達成していること，未達成なことを整理していく。〔③④は心理・発達領域の専門家に依頼することが望ましい〕

⑤今後の課題の設定・具体的な支援の手立て

④で整理した内容から，子どもが獲得しているスキルや得意なことを活用しながら，未達成の項目（課題）に取り組む支援・指導の手立てを考える。例えば，語彙力は伸びてきたものの説明力に未熟さのある児童に対しては，「説明する状況をイラストで示しつつ，『○○は△△です。だから□□します』と説明文のテンプレートに言葉を当てはめて説明できるように練習しましょう」などと具体的な支援方法を抽出していく。

また，保護者に対してもアセスメント結果をフィードバックし，家庭で取り組むことが望まれる事柄について，別シートで具体的に示す。

このアセスメントは，年度当初の早い時期（例えば4月末頃）に毎年繰り返し行うことで，前年度からの成長を把握することができ，支援・指導の効果を確認，また手立ての見直しを行うことができる。

（橋本創一・杉岡千宏）

《文献／資料》

- 田中ビネー知能検査Ⅴ（2005）：田中教育研究所.
- KIDS乳幼児発達スケール（1989）：発達科学研究教育センター.
- LCスケール：言語・コミュニケーション発達スケール［増補版］（2013）：学苑社.
- S-M社会生活能力検査 第3版（2016）：日本文化科学社.

●アセスメント●

プラクティス2-⑥ 適応スキルと支援ニーズに基づいた個別の指導計画つくり ～適応行動のアセスメント～

Key Words：アセスメント，適応スキル，支援ニーズ，指導計画つくり

ねらい／趣旨

- エビデンスベースのアセスメントの実施により，子どもの学校適応の状況を把握する。
- 適応スキルの獲得と支援ニーズ（障害特性による問題）の把握という２つの尺度から評価する。
- 学校生活を個人活動と集団参加という２つの場面から捉え，支援の手立てを探る。

教材／道具

- ASIST学校適応スキルプロフィール
  A尺度：適応スキルの把握（5領域）
  B尺度：支援ニーズの把握（10領域）

評価／効果

- 適応スキルの獲得状況と障害特性による支援ニーズを特定できる
- 個人活動と集団参加，学習／対人関係／行動情緒／生活場面ごとに支援・指導を考えられる

支援／活用のポイント：

学校適応に必要なスキルと適応を阻害している支援ニーズを領域ごと・場面ごとに整理分析することができる。いずれもプロフィール化することで得意・不得意が明確化され，優先して支援すべきことを導き出せる。

A尺度

	1.生活習慣	2.手先の巧緻性	3.言語表現	4.社会性	5.行動コントロール	総合獲得レベル
AQ	56	67	56	44↓	44↓	44↓
AG	5歳	小1	5歳	4歳↓	4歳↓	4歳↓
得点	17点	20点	18点	3点	2点	合計 60点
小6	● ※ 34	● ※ 35～36	● ※ 34～36	● ※ 35	● ※ 32～33	● ※ 166～174
小5	● 32～33	● 33～34	● 33	● 32～34	● 29～31	● 157～165
小4	● 30～31	● 29～32	● 32	● 31	● 27～28	● 144～156
小3	● 27～29	● 26～28	● 29～31	● 28～30	● 23～26	● 129～143
小2	● 25～26	● 23～25	● 27～28	● 27	● 22	● 121～128
小1	● 21～24	● 18～22	● 22～26	● 22～26	● 18～21	● 92～120
5歳	● 14～20	● 13～17	● 13～21	● 15～21	● 11～17	● 71～91
4歳↓	● ～13	● ～12	● ～12	● ～14	● ～10	● ～70
	生活習慣 Life Behavior Skills	手先の巧緻性 Operation Fine motor Skills	言語表現 Speech Skills	社会性 Social Skills	行動コントロール Behavior Control Skills	総合獲得レベル Synthesis Skills Level

個人活動スキル群

得点	55
AQ	56
AG	5歳

集団参加スキル群

得点	5
AQ	44↓
AG	4歳↓

B尺度

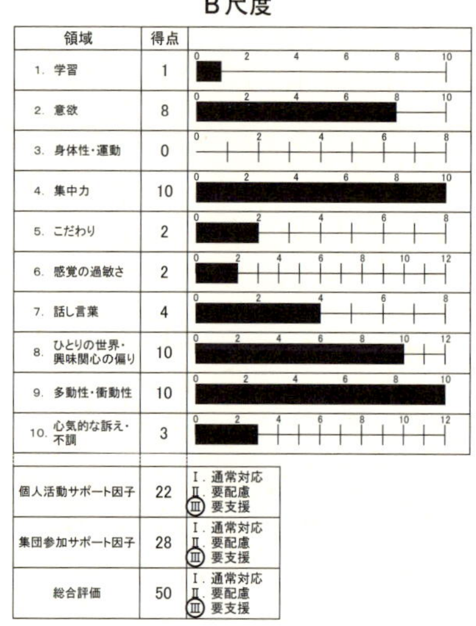

領域	得点
1. 学習	1
2. 意欲	8
3. 身体性・運動	0
4. 集中力	10
5. こだわり	2
6. 感覚の過敏さ	2
7. 話し言葉	4
8. ひとりの世界・興味関心の偏り	10
9. 多動性・衝動性	10
10. 心気的な訴え・不調	3

個人活動サポート因子	22	Ⅰ. 通常対応 Ⅱ. 要配慮 (Ⅲ) 要支援
集団参加サポート因子	28	Ⅰ. 通常対応 Ⅱ. 要配慮 (Ⅲ) 要支援
総合評価	50	Ⅰ. 通常対応 Ⅱ. 要配慮 (Ⅲ) 要支援

展開／指導手続き／方法など：

ASIST学校適応スキルプロフィール（ASIST）は，本人・保護者・担任教師・その他の対象児と関わりの深い者は誰でも回答することができる。特別支援学校小学部や特別支援学級で活用する場合には，担任教師や保護者が回答することが望ましい。

■ASIST　A尺度

A尺度では，学校適応におけるスキルの獲得状況を評価する。評価項目は，①生活習慣，②手先の巧緻性，③言語表現，④社会性，⑤行動コントロール，の5領域からなる。評価得点をもとに，領域別のスキルの獲得レベルが何年生相当であるか（到達学年），また到達学年をもとにした到達指数が算出される。また，個人活動のスキル（領域1～3）と集団参加のスキル（領域4～5）で得点を比較することもできる。

■ASIST　B尺度

B尺度では，学校適応を阻害する要因や障害特性による支援ニーズを特定し，支援の必要性を評価する。評価項目は，①学習，②意欲，③身体性・運動，④集中力，⑤こだわり，⑥感覚の過敏さ，⑦話し言葉，⑧ひとりの世界・興味関心の偏り，⑨多動性・衝動性，⑩心気的な訴え・不調，の10領域からなる。こちらは評価点をもとに，個人活動サポート因子，集団参加サポート因子，総合評価の3視点で「通常対応／要配慮／要支援」の判定がなされる。

■ASISTの活用事例

小学4年生のCくんは，A尺度の中で集団参加スキルである社会性と行動コントロールの得点が著しく低かった。B尺度では項目によって大きく差があり，意欲，集中力，ひとりの世界，多動・衝動性に支援ニーズが高かった。総じて，Cくんは多動・衝動性の強さや意欲のムラがあり，それに伴い集団参加場面で行動制御や対人関係で問題が生じてしまうと考えられた。一斉指示では注意を向けて聞き取ることが難しいため，声かけしながら指示を出したり，一斉指示の後で個別に伝えて集団参加にうまく導いた。また，工夫して促すと友達に適切な言葉かけ（貸して，ありがとう等）ができたため，対人場面での声かけによる促しとともに，イラストを用いながら簡単なSST（こんなときどうする？　何て言う？）を実践して適応スキルの獲得を目指した。

（橋本創一・熊谷 亮）

《文献／資料》

- 橋本創一・熊谷亮・他（2014）：特別支援教育・教育相談・障害者支援のために ASIST学校適応スキルプロフィール―適応スキル・支援ニーズのアセスメントと支援目標の立案―．福村出版．

授業実践

プラクティス2-⑦
保護者との連携でつながる個別の指導計画

Key Words：個別指導計画，保護者連携

ねらい／趣旨

・近年の特別支援学校では，各指導計画の作成にあたっては家庭および関係諸機関との連携を図ることが明記（学習指導要領第2節第4項）されている。しかし，学校生活において保護者とどのように連携し関係性を構築していくかは，各学校，その中でもそれぞれの学部の取り組み方次第であるといえる。ここでは，A特別支援学校の実践例をいくつか紹介する。

展開／指導手続き／方法など：

■登下校の引き継ぎ時は効果的な連絡確認の場

小学部では，保護者あるいはヘルパーの方々と毎朝の顔合わせ，引き継ぎを行うシステムができている。個別の指導においてその指導方法や評価について常に意見交換する場を設定している。もし，直接会える機会があれば少しでよいので，言葉を交わし確認をする時間をもつようにする。それは，保護者の教育的ニーズを確認して，学校側でも実践し，連携して取り組む姿勢につながるきわめて重要な部分である。

■保護者会は二部制で取り組み連絡漏れをなくす

互いに忙しい中での保護者会では，いくつかの工夫をすれば効果的である。例えば低学年では，組ごとの少人数で担任を中心に一丸となる体制つくりができるとよいだろう。中学や高校の保護者会では全体で集合し，連絡内容を確認した後，学年ごとに相談する機会をもち，内容の柱立てを行い，意見交換をしやすい環境を設定し，話題を事前に伝える等の準備が有効である。

最近では，幼児児童生徒の授業の活躍場面の映像を準備し，互いの話す内容を焦点化して話の土台を確認する。全体では，よい場面を共有し，個々に課題があるときには，全体の場ではなく終了後等に別に時間をとって丁寧に話し合う場をつくる等の工夫が望まれる。

■連絡帳は連絡手段としては効果的であるが，詳細については電話連絡も必要

特別支援学校では，児童生徒の健康等の状態把握に連絡帳を利用するのが一般的であり，記載内容次第では多くの有効点がある。しかし，児童生徒の指導中では十分な記述を施すことができないことが多い。学校生活の中で自発的な言葉や行動，変化が現れたときには常に連絡をとりたいものである。詳細を伝えるためには，適度な電話

連絡の利用でコミュニケーションが深まる。

■通信や便りの工夫

家庭向けの通信では，必要な用件や依頼する内容がわかりやすく記載され，誰が読んでも理解できる内容としたほうがよい。特定のケースを抽出して良否を記載すること（「Aさんは作文がクラスで一番よく書けていました」など）は，たとえよい事柄であっても誤解を生んだり，記載した意図を尋ねられたりする場合が少なくない。

■学期末の便りの一例

「平成○○年度が始まり，ここまで約３分の２が過ぎました。日頃から，学校へのご協力をたくさんいただきありがとうございました。感謝申し上げます。思えば，始業式から12月まであっという間に過ぎました。その中でも，お子さんの体の成長とともに心の面の成長もたくさん見られたと思います。さて，明日から約２週間の冬休みに入ります。大病や怪我等を防ぐためにも，お子さんの生活リズムを各家庭で計画することをご提案いたします。それには，簡単な一日の生活表を明日から作成することも効果的です。一人一人に合った生活表を作成してあげましょう。どうぞよろしくお願いいたします」

この例のように，それまでの家庭の協力に対して謝辞を述べるとともに，学校生活の延長であることもあわせて記載することで，長期休業等の課題の確認が有効となり，学校と家庭の連携の必要性を伝えることにもなる。

■保護者との連携の推移

対象が低学年であれば，指導場面や内容について綿密な打ち合わせや相互理解が必要となる。前述したように，時には場を設けて確認し合うこともあるであろう。また，年齢が進むことで，保護者との連携は社会への接点という視点で捉える必要がある。すなわち，保護者と学校側の個別の連携が目指すものは社会生活へ（大人へ）転換されていくことであり，そのことを明確にする必要がある。これは，教育基本法第１条で述べられている，教育は「人格の完成」を目指す場であるということの理解にほかならない。

（野原隆弘）

授業実践

プラクティス2-⑧
IEPと移行支援計画 ～社会への円滑な移行を目指した移行支援会議～

Key Words：移行支援計画，自己理解，移行支援会議

ねらい／趣旨

- 自分の特性を理解し，受け止めて，支援者に伝える。
- 将来の希望について考える。
- 自分を支えてくれる支援者・機関について知る。

教材／道具

- 自己理解アセスメントツール
- 現場実習評価表
- 長所・短所シート
- 将来の希望表
- 個別教育支援計画総合支援シート
- 生活適応支援チェックリスト

評価／効果

- 希望する将来の生活をまとめ，支援者に伝えられる
- 自分の長所や短所，配慮をお願いしたいところについて整理し，職場の方や支援者に伝えられる

支援／活用のポイント：

- 自己評価，他者評価の差に留意し，受け止められるよう支援する。
- 自分の強みについては自信をもてるようにし，苦手なことについては，改善する方法や，必要なツール，支援者へのお願いなどの対応方法を理解する。
- 将来の希望について本人の意思を大切にしながら，支援者間で共通理解する。

ツール	内　容
「ASIST-ID ver.：適応スキルプロフィール」	社会的な場面での適応状況に関するアセスメント。質問紙に本人，保護者，担任が回答
現場実習評価表	３年間で７回の実習
長所・短所シート	ASISTや現場実習評価表等から考えたものをまとめる
将来の希望表	仕事，暮らし，余暇・地域生活での本人の希望をまとめる
個別教育支援計画総合支援シート	今後の家庭・地域の生活におけるニーズをまとめる（策定会議を経て作成）
生活適応支援チェックリスト	生活面や行動面の支援状況を数値化

展開／指導手続き／方法など：

■アセスメントを通した自己理解

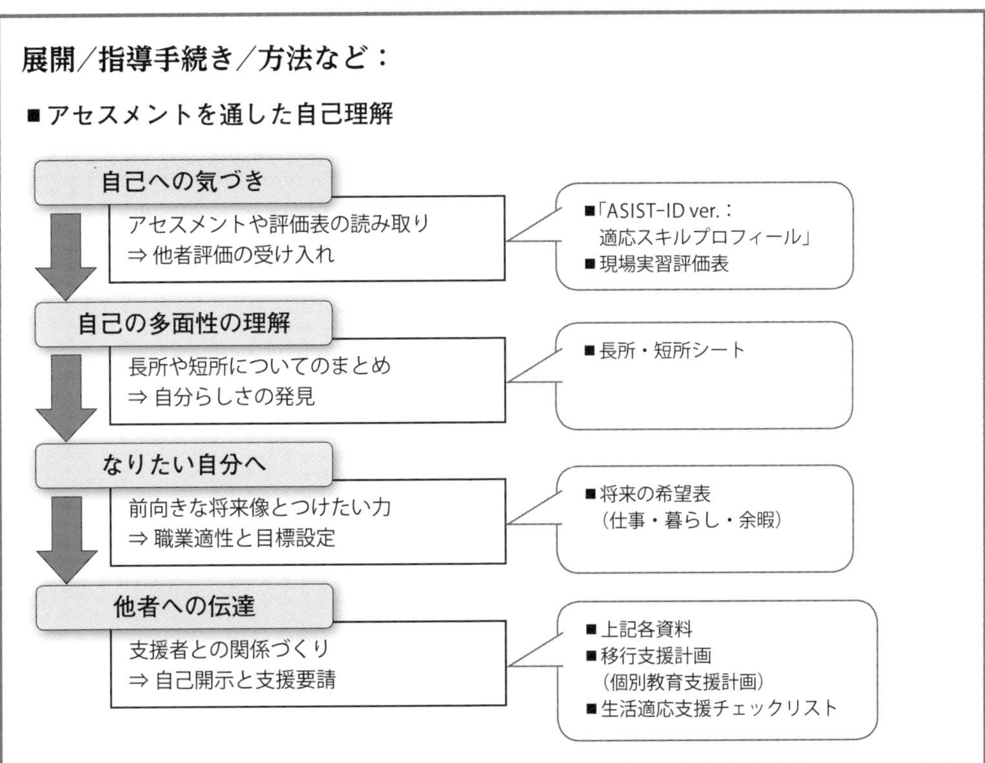

自己評価，他者評価を通して自己理解を深めつつ，自己肯定感をもち，それらを支援者に伝えながら社会へのスムーズな移行を目指す。

移行支援会議では，支援者だけが情報提供するのではなく，本人も主体的に参画し，自ら将来の希望を伝え，必要な支援要請をすることで，合理的配慮も得やすくなると考える。

（尾高邦生）

《文献／資料》

• 橋本創一・熊谷亮・他（2014）：特別支援教育・教育相談・障害者支援のために ASIST学校適応スキルプロフィール—適応スキル・支援ニーズのアセスメントと支援目標の立案—．福村出版．

第3フェーズ

IES & CEインクルーシブ教育システムとキャリア教育の実践

ナビゲーション

Key Words

インクルーシブ教育システムとキャリア教育

1．インクルーシブ教育・保育

インクルーシブ教育（Inclusive Education）は，人間の多様性の尊重などを強化し，障害のある子どもが精神的及び身体的な能力などを可能な限り発達させ，自由な社会に効果的に参加することを可能にすることを目的とし，障害のある子どもと障害のない子どもが共に学ぶものです。そこでは，障害のある子どもが一般的な教育制度（General Education System）から排除されないこと，自己の生活する地域において小中学校の教育機会が与えられること，個人に必要な「合理的配慮（Reasonable Accomodation）」が提供されることが必要とされています。

基本的な方向性として，障害のある子どもと障害のない子どもが，できるだけ同じ場で共に学ぶことを目指すことが大切です。その場合には，それぞれの子どもが，授業内容がわかり，学習活動に参加している実感・達成感をもちながら，充実した時間を過ごしつつ，生きる力を身につけていけるかどうか，これが最も本質的な視点であり，そのための環境整備が必要です。なかでも，障害のない子どもが，障害のある子どもを理解し受け入れていくことが最も重要です。

一方，就学前の障害児における幼児教育や保育では，最初から「統合」という形態で実践が長く行われきた経緯があり，この点は就学後の教育とは異なる特色です。わが国では，半世紀ほどの実績があります。そして，インクルーシブ保育とは「包容する保育」と訳すことができ，特別な支援を要する子どもを区別せず含み込み，一体的な制度のもとで保育を実現するものです。保育フィールドではこれまでも障害児を含み込んで，集団の中で一人一人を大切にした実践が目指されてきました。近年では，さらに多様なニーズのある子どもが複数在籍する集団の中で，個が尊重され，一人一人に合った十分な配慮がなされる保育が求められ，更なる実践の積み重ねによる保育方法の共有が望まれています。具体的には，医療的ケアの必要な子ども，重度の知的障害のある子ども，自閉症スペクトラムやADHD（注意欠如多動性障害）などが合併する知的障害のある子ども，軽度の知的障害や境界域知能で学習に遅れのある子ども，行動・情緒障害のある子ども，など様々な支援ニーズが重複し複雑さを呈する状態にあることも少なくありません。そうした意味では，“インクルーシブ”という用語一つで理念を先行させてしまわずに，「個に応じた支援」という老舗の用語もしっかりと含み込んでいただく必要があると思います。

2．障害理解教育と交流・共同学習

「障害」または「障害のあるヒト」について理解する教育を障害理解教育といいます。

多くの場合，交流ならびに共同学習を通して取り組まれます。しかし，単発的にふれあうだけの交流にとどまった場合には理解までには至りません。子どもたちには，経験だけではない，“科学的認識”の必要性が指摘されています。また，障害者を好意的に評価すること（障害者はかわいそうな存在というステレオタイプの思い込み）では不十分であり，障害に関する科学的認識や，その前提としてヒトの健康，心や行動について関心をもち，理解していくことが期待されます。

「障害理解」を構成する要素には以下の４つがあげられ，その過程を経て実際の行動として発現されてこそ意義があるものとされています。

①障害に関する正確な「知識」
②知識をもとにした適切な「認識」
③認識から形成される「態度」
④態度の発現としての「行動」

障害理解教育の内容として，「障害者が感じるバリア」「バリアフリー施設・設備」「障害者の援助方法」をテーマに展開されることがよくあります。特に，車椅子体験，アイマスク体験，点字学習，手話体験，盲導犬との生活体験などが多く実践されています。これらは，テレビや書籍などで取り上げられることも多いため，児童生徒にとっては身近に感じられるものです。子どもにとって視覚的に気づく障害（肢体不自由，視覚障害，聴覚障害など）は理解しやすいという実践報告がある一方で，発達障害（知的障害を含む）や精神障害についての理解は取り上げにくく，障害理解教育の対象となる障害が偏っていることが問題視されています。地域や学校，児童生徒の実態に応じて，創意工夫を生かした実践が期待されています。

3．キャリア教育

キャリア教育（Career Education）は，1970年代のアメリカの教育改革運動の中で，卒業後の社会生活及び職業生活を踏まえた学校教育の見直しと改善から示されたものです。

わが国では，初等中等教育と高等教育との接続の改善について中央教育審議会（1999〈平成 11〉年）においてキャリア教育という用語が使われました。キャリア教育の定義は，「一人一人の社会的・職業的自立に向け，必要な基盤となる能力や態度を育てることをとおして，キャリア発達を促す教育」（中央教育審議会，2011〈平成 23〉年）と示されています。後期中等教育における職業教育という限定的なものではなく，幼児期の諸活動及び初等教育段階からの教育活動全体を通して取り組むものです。

「育てたい力」の枠組みの例として示された「４領域８能力」や「基礎的・汎用的能力」に基づき，教育活動全体を見直すというものであり，具体例として国立特別支援教育総合研究所（2010〈平成 22〉年）が開発・提案した「キャリアプランニング・マトリックス（試案）」や教育課程及び授業等を改善するための諸ツールを参考または活用した実践が展開されています。

４．自己理解と自己肯定感について

自己理解とは，自分自身に対して抱いているイメージのことです。幼児期から児童期，青年期にかけて自分と他者との関係や様々な経験などを通して発達的な変化をとげていきます。自分の名前や年齢といった身体・所属などに関わることから，自身の性格・行動や内面世界に関わることへと理解が深まっていきます。また，自己理解の発達にはその子どもにとっての「重要な他者（親，教師，友達など）」との関係性が大きく影響を与えます。また自己理解は，現在の自分に対するイメージだけでなく，過去の自分，未来の自分といったように時間的にも拡大します。そして，思春期・青年期になると「理想自己」とされる「なりたい自分」や逆に「なりたくない自分」をイメージするようにもなります。進路決定場面などで「理想自己」と「現実自己」とのギャップに悩む姿に遭遇したり，他者

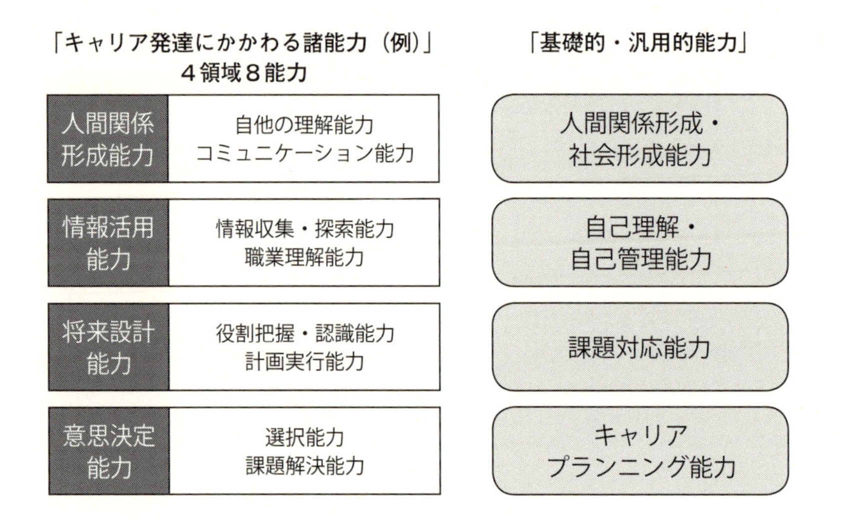

との関わりに影響を受けながら深化し拡大をとげながら，多面的になっていきます。

一方，自己肯定感は，自尊感情とも類似した概念であり，自分に対する肯定的な感情です。自分のよさについて自己理解できることと関係しますが，「重要な他者」から深い愛情や肯定的な評価を受けることが大切になります。

近年，自己理解について，特別支援学校や特別支援学級におけるキャリア教育が展開される中で，その重要性が認識されてきています。児童生徒らが，多面的に自己を捉えられるように活動体験を意図的に提供し，一人一人の実態に応じて支援を積み重ねていきながら進路支援へとつなげていきます。自己肯定感を育む取り組みとして，学校生活で達成経験や褒められる体験，教師や友達などから認められる経験が大切です。特に，知的障害のある子どもが友達から感謝される場面を多く経験することで，自分自身の価値を高めることにつながっていきます。そうした支援を意図的に学習活動に導入すべきでしょう。

（橋本創一・李 受眞）

授業実践

プラクティス3-①
幼稚部交流学習

Key Words：インクルーシブ保育，活動の提供と共有，ケース会議

ねらい／趣旨	・障害のあるなしに関係なく，遊んだり，活動を共にしたりすることを通して仲間意識を育む。

教材／道具

- 障害のある幼児が慣れ親しんだ遊びや歌等の活動
- 簡単なルールがあり，わかりやすい活動
- 本人の経験や思い出の写真が入ったタブレット端末

評価／効果

- 慣れ親しんだ活動をきっかけにして交流先でも自己を表現し，園児とも関わることができた
- ことばのない幼児でもタブレット端末を使用して自分の経験を伝えることができ，交流先園児による幼児理解が進んだ

支援／活用のポイント：

- 年間平均25回の交流（6月～2月までの毎週水曜日に実施）
- 保育園との打ち合わせ・ケース会議（4月，6月，9月，12月，2月）
- 「活動の提供」と「活動の共有」，通信の発行

制作活動の様子

タブレット端末を活用した関わり

展開／指導手続き／方法など：

■ **交流の実践から**

- 保育園との打ち合わせ・ケース会議：特別支援学校の幼稚部は，毎週水曜日を交流の日と定め，一日を交流先の保育園で過ごしている。芋苗植えを皮切りに6月から翌年2月まで年25回程度実施している。交流を行うにあたり交流先保育士との打ち合わせ・ケース会議の機会を年に複数回設けており，知的障害幼児の実態や対応について話し合ったり，交流先保育園の気になる園児について意見交換を行ったりしている。
- 「活動の提供」と「活動の共有」：幼児たちが交流先保育園でも活き活きと活動できるように，知的障害幼児が幼稚部で慣れ親しんでいる遊びを保育園での活動に積極的に提案していく「活動の提供」と，保育園で本校幼児が興味を示した遊びを幼稚部に持ち帰って遊びを深める「活動の共有」を行っている。小グループの中で段階的に繰り返し遊び展開することで，保育園でも遊びに自然に参加して遊ぶ様子が見られた。また，特別支援学校・保育園の両園校の保護者にも交流の様子を知っていただきたいと願い，交流通信を発行した。
- タブレット端末を用いた関わり：知的障害幼児が学校や家庭で経験した遊びの画像や動画データが入ったiPadを，保育園での自由遊び場面に持ち込んで保育園の園児たちに見せて過ごすことがあった。それによって，普段は接することが少ない園児が関わる場面が増え，知的障害幼児の経験したことを目にすることで障害児に対する理解が深まった。

■ **交流先の障害のない子どもに障害のある子どもについて説明する際の注意点**

- 障害や診断名について話すのではなく，「○○ちゃん」という子どもについて，行動の特徴やどういう気持ちでいるのか等を具体的に説明する。
- その子どもの肯定的な面をなるべく強調して説明する。
- その子どもができないことは隠さず正確に伝える。
- 困った行動やみんなに迷惑なことをした場合，具体的にどのようにその子どもに対応すればよいかを説明する。

障害や診断名を理解することは幼児にとっては難しい。また，障害名だけのイメージでその子どもを見てしまう可能性もある。「病気なんだよ」という説明も勘違いを招くことが多い。原因よりも今の状態と具体的な対応（得意なことと苦手なこと，手伝いの必要な場面とそうでない場面等）を教え，共同活動を積ませていくほうが有効である。

（山内裕史）

《文献／資料》

- 東京学芸大学附属養護学校（2006）：インクルージョン保育の在り方と効果的な対応の模索Ⅱ．東京学芸大学附属養護学校研究紀要，51，50-64.
- 橋本創一・渡邉貴裕・他編著（2012）：知的・発達障害のある子のための「インクルーシブ保育」実践プログラム―遊び活動から就学移行・療育支援まで―．福村出版.

授業実践

プラクティス3-②
みんなでやってみよう！ SST

Key Words：社会性，他者意識，ゲーム

ねらい／趣旨
- ２人以上で取り組むゲームで他者への意識を育む。
- 具体的な場面（状況）で対人スキルを練習する。
- 集団での活動を楽しみながら，具体的スキルを獲得する。

教材／道具
- 大きめのボール，フェイスタオル，クッションや平均台などの障害物
- 赤・青・犬・猫などのイラストやシール等
- 声のボリュームイラスト１・２・３

評価／効果
- 勝ち負けにこだわらず，クラスメイトとの活動を楽しむようになる
- ゲームを通して相手を意識したり，相手の動きに合わせたりする力を育む

支援／活用のポイント：

大人と対象児の一対一で取り組むSST（ソーシャルスキルトレーイング）もあるが，今回は子ども２名以上で取り組むSSTについて紹介する。ゲームによっては勝ち負けが決まるものもあるが，そこにこだわらず「楽しかったね」「○○が上手だったね」など，集団で活動することの楽しさや，勝ち以外の喜びを感じられるように声かけをする。

展開／指導手続き／方法など：

①ボール運びゲーム

子どもを２人一組でペアにし，フェイスタオルの端と端を持たせ，大きめのボールを乗せる。落とさないようにゴールまで運ぶゲームを行う。走るペースや腕の高さなど，相手に合わせるよう声かけをして意識させる。複数のペアで競争したり，コースに障害物を置いて難易度を調整したりする。相手の動きにうまく合わせられていた子は，「○○ちゃんのこと，よく見てたね！」「一緒に運べて偉かったね！」と褒める。

②仲間みつけ

二択で選べるものを用意する。例えば，「赤・青」「犬・猫」「ボール・滑り台」など。それぞれのイラストを用意しておくと実施しやすい。床をテープで区切って２つの陣地をつくっておき，「赤が好きな人こっち！　青が好きな人こっち！」とグループに分ける。同じグループになった子たちで一緒に歌を歌ったり，同じシールを名札に貼ったりする。次に別のテーマでグループに分かれて同様のことを繰り返す。「○○ちゃんとおんなじだね！」など，友達を意識させるよう声かけをする。

③声のボリューム

声の大きさを示す「１・２・３」などの数値化したイラストを作っておき，「１の声は秘密のお話をする声です。隣の人にこっそりおはようございますと言いましょう」「２の声は友達とお話をする声です。隣の人に元気におはようございますと言いましょう」「３の声はクラスのみんなにお話をする声です。みんなにおはようございますと言いましょう」と伝え，それぞれ練習する。説明→先生のお手本→練習→フィードバックという流れで実施する。この後，伝言ゲームなどをすると，伝言するとき→１の声，答え合わせで発表するとき→３の声というように，声の大きさを使い分ける際に活用できる。もちろん，日々の授業の場面でも声の大きさイラストで「２の声で話し合ってください」「３の声で発表してください」などと活用することができる。また，数字でなく，「１：アリ」「２：小鳥」「３：猫」「４：馬」「５：ゾウ」といった動物（鳴き声）や乗り物（エンジン音）などのイラストに替えてゲームするのも楽しい。

（橋本創一・杉岡千宏）

《文献／資料》

- 霜田浩信・渡邉貴裕・橋本創一編著（2009）：実際のつまずきに向き合う・予防する子どものSSTプログラム．ラピュータ．
- 橋本創一・秋山千枝子・他編著（2014）：家庭と学校が連携・育てるSST指導プログラム―発達障害や感情・行動コントロールがうまくいかない子のためのソーシャルスキルアップトレーニング―．ラピュータ．

授業実践

プラクティス3-③
キャリア発達を大切にした現場実習

Key Words：現場実習，キャリア発達，合理的配慮

ねらい／趣旨
- 現場実習を重ねながら，職業生活への理解を深める。
- 将来の社会人としての生活について，主体的に考える。
- 自己理解を深め，適性について考える。

教材／道具
- 現場実習（Ⅰ期２週間，Ⅱ期１か所２週間ないし２か所４週間）
- 進路の学習（事前／事後学習）
- 進路面談
- 実習評価表，実習日誌

評価／効果
- 各学年，各期ごとに個人目標を設定。自己評価と他者評価を通して，課題を見出す
- 事後学習や面談等を通して，職業に対する適性を考える

支援／活用のポイント：
- 学年や生徒の実態により，実習の意味やねらいを明確にする。
- 各実習の評価表や実習日誌から自己評価や他者評価を検討して，実習の成果と課題を明らかにするとともに，実習の積み重ねによる変化・成長をフィードバックし，肯定感につなげていく。
- 自分に合った仕事内容や仕事の仕方，職場の様子などについて，実習の経験を通して比較しながら考えていく。

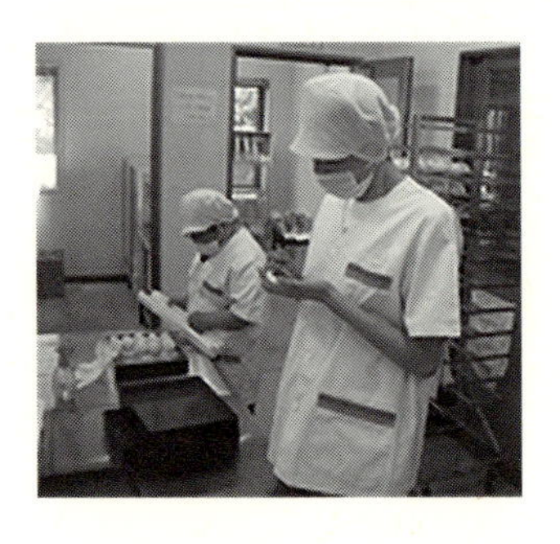

実習評価表

実習生氏名　　高等部　年	実習事業所名　（記載者名　　　）		
実習期間　平成　年　月　日（　）～　月　日（　）			
出勤状況　出勤　日	欠勤　日	遅刻　日	早退　日
主な作業内容			

項目	評価 該当する記号に○をして下さい	特記事項
挨拶・返事	A　B　C	
報告・質問	A　B　C	
身だしなみ（清潔）	A　B　C	
準備・片づけ	A　B　C	
作業の指示理解	A　B　C	
確実性（正確さ）	A　B　C	
巧緻性（器用さ）	A　B　C	
作業速度	A　B　C	
集中力・持続力	A　B　C	
責任感	A　B　C	
対人関係（社会性）	A　B　C	
意欲・積極性	A　B　C	
体力・健康	A　B　C	
安全	A　B　C	

評価の観点　A：一人でできる　B：何らかの支援が必要　C：一人では難しい

総　評（学校や家庭への要望などもありましたらお書き下さい。
今後の本人の成長に関してお気づきの点がありましたらご記入願えると助かります。）

現場実習の評価表

展開／指導手続き／方法など：

■３か年の現場実習計画

	現場実習の学年目標	時期	内　容	
1年次	①働く体と気持ちをつくる ②地域社会で働く生活の経験をする	Ⅰ期	◆校内実習　2週間	職業生活の体験期
		Ⅱ期	◆地域の作業所での実習（1か所：2週間） ◆校内実習　2週間	
2年次	①社会人になるための経験を広げる ②自分の進路を考える準備をする	Ⅰ期	◆福祉事業所，企業等での実習（1か所：2週間）	経験の拡大期
		Ⅱ期	◆福祉事業所，企業等での実習（2か所：4週間）	
3年次	①社会人になるために，自分で進路を考える ②自分のもっている力を発揮して，進路を決定する	Ⅰ期	◆希望進路先での実習（1か所：2週間）	進路の選択・決定期
		Ⅱ期	◆希望進路先での実習（1か所2週間ないし2か所4週間）	

■現場実習の事前・事後学習内容

①事前学習

- 現場実習の学年目標，時期，内容
- 個人目標の設定
- 実習日誌の作成
- 面接練習
- 職場でのマナー，ルール，態度について／実習中の生活
- 現場実習激励会（高等部全体）

②事後学習

- 現場実習の振り返り（映像，画像，実習先での反省会，実習日誌等から）
- 個人目標に対する自己評価
- 現場実習報告会（高等部全体）
- お礼状の作成

③進路面談

- 実習評価表の確認 ⇒ 他者評価の受け入れ
- 成果と課題の整理 ⇒ 今後の取り組み内容・方法の確認
- 仕事の適性についての振り返り
- 今後の実習希望や進路希望

※上記の①～③を実習ごとに繰り返していき，生徒自身が考える機会を設け，進路・職業に対する理解や自己理解を促していく。さらに，希望する進路について多様な視点から検討したり，より詳しい情報を得たりする。生徒自身が希望を深化させ，主体的に卒業後の進路についての意思決定をしていくことを支援する。その際に，生徒の個別性と潜在的な可能性について十二分に踏まえることが重要である。

（尾高邦生）

● 授業実践 ●

プラクティス3-④
自己決定を意識した進路指導

Key Words：進路の自己決定，働く＋α，関係機関との連携

ねらい／趣旨	・働くことだけでない自らの卒業後を考え，進路を選べる。 ・関係諸機関と本人の希望や課題を共有すること。

教材／道具

- 現場実習関連のワークシート
- サポーターズサークル
- マイプロフィール

評価／効果

- 面談時の本人発言から自己決定に関わる変化を評価する

支援のポイント：

進路の学習＝進路学習・現場実習・進路面談の３本の柱で生徒の（進路の）自己選択・自己決定を目指すことと捉える現場実習での課題改善の取り組みと合わせて，複線的な企業就労までの道筋の提示（進路面談），自身の送りたい卒業後の生活（進路学習の授業）を通して，本人から進路に対する希望を聞く。選んだ進路（就労移行支援事業を経由しての企業就労）について，関係機関（当該移行支援事業所，保護者，実習企業）と情報共有を行う。

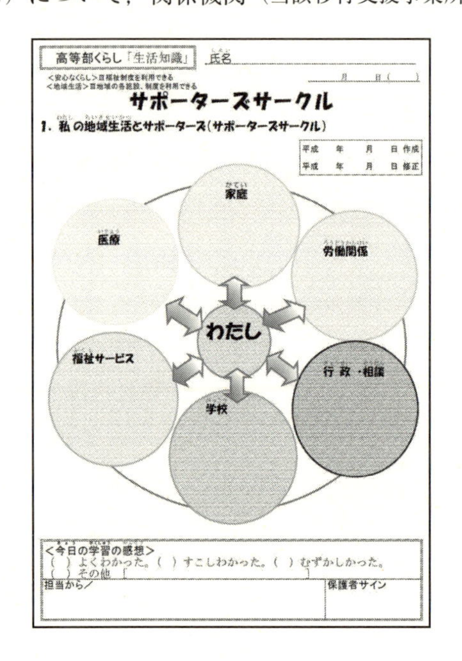
高等部くらし「生活知識」　氏名

<安心なくらし>Ⅲ福祉制度を利用できる
<地域生活>Ⅲ地域の各施設、制度を利用できる

月　日（　）

サポーターズサークル

1．私の地域生活とサポーターズ（サポーターズサークル）

平成　年　月　日作成
平成　年　月　日修正

家庭
労働関係
行政・相談
学校
福祉サービス
医療
わたし

<今日の学習の感想>
（ ）よくわかった。（ ）すこしわかった。（ ）むずかしかった。
（ ）その他［　　　　　　　　　　］

担当から／
保護者サイン

マイプロフィール －1－

支援者のみなさんへ

★お父さん、お母さんに、どんなふうに接してもらいたいですか？
お父さん、お母さんにお願いしたいことは、ありますか？

★家族以外の支援者の方にどんなふうに接してもらいたいですか？
支援者の方に覚えておいてほしい、あなたの特徴や苦手なことは、ありますか？

進路学習・現場実習・進路面談の経過：

■進路学習において①（1年生～2年生終了まで）

卒業後の企業就労を希望。ただ，「○○の仕事がしたい」という明確な希望はない。社会人への憧れはあるが，自身の課題を日々の生活につなげる意識がまだ弱い。

■現場実習において①（2年生秋～3年生夏まで）

都心の企業で事務系諸作業経験（オフィスワークへの憧れ），オシャレな結婚式場で清掃作業経験（キラキラした世界への憧れ）を通して，働くことへの意欲が高まる。一方で双方の企業から同じ課題（対人面での消極性と，困ったときに適切に支援者に助けを求められないこと）を指摘される。他に地域の就労移行支援事業所での実習を経験。

■進路面談において①（3年生夏実習後）

本人希望＝実習で経験したどちらの企業の仕事も好き（職種希望が出る）。

実習評価表，本人の実習目標での振り返り＝本人が自身の課題を意識。

⇒（これまでも人からは言われていたが，自身での意識ができた）

■現場実習において②（3年生秋～）

事務系諸作業と清掃作業の両方の業務がある企業「R社」での現場実習を実施。実習自体は高評価（これまでの課題も一定程度クリア）。ただし，企業から本人自身の就労への自信のなさについて懸念が示される。

■進路学習において②（3年生春～）

サポーターズサークルやマイプロフィールについて学習。

仕事＝卒業後すぐの企業就労，準備期間をおいての企業就労を提示。

くらす＝家族との同居，グループホーム利用，一人暮らし。

まなぶ，楽しむ＝地域の青年学級や余暇支援について情報提供。

■進路面談において②（3年生秋実習後）

企業からの高評価を伝える。生徒本人も成長を実感した様子。

一方で，卒業後すぐ企業就労する不安を話す。進路学習で学んだ準備期間をおいての就労を希望する。具体的には，余暇支援も実施している事業所（3年時に実習した就労移行支援事業所）へと進路決定する。

★就労移行支援事業所⇒生徒本人が利用希望理由と将来の「R社」での就労希望を伝達。

★R社⇒進路担当教諭から本人希望を伝達，卒業後タイミングが合えば再度の実習や採用の相談に乗っていただけるとの返答をもらう。

◎**卒業後**……本人が自信をつけ，当初の希望通り「R社」で再実習，在校中の関係機関との調整も奏功し，タイミングにも恵まれ1年後「R社」に就労。

（吉澤洋人）

卒業生支援

プラクティス3-⑤
卒業生支援「若竹会」

Key Words：卒業生支援，若竹会，保護者，教員

保護者と共に行う卒業生支援：

東京学芸大学附属特別支援学校には，在校生・卒業生，そしてその保護者が会員となる「若竹会」がある。若竹会は，会員の親睦と，卒業生が生涯にわたって安定した社会生活や家庭生活が送れるように支援することを目的としている。教員は特別会員として，校務分掌に位置づけて若竹会の活動をサポートしている。

若竹会の歴史は古く，本校が1954（昭和29）年に東京学芸大学附属竹早中学校特殊学級としてスタートしたその5年後に，卒業生をもつ保護者と教職員を会員として発足した。発足当時の目的は卒業生を主とする青少年の補導育成であったが，様々な変遷を経て現在の若竹会となっている。

現在，若竹会では，様々な行事，生涯教育の場としての同好会・若竹ミュージカル，サポート事業などを行っている。

行事には，在校生と卒業生が参加する若竹まつりとバーベキュー，卒業生のバス旅行などがある。また，新同窓会会員歓迎会や新年会・成人を祝う会があり，歓迎会の中では，卒業後15年・25年のお祝いも行っている。

同好会は現在8つのクラブがあり，和太鼓やソフトボール，手芸などを月に1回程度本校の施設を利用して行っている。また若竹ミュージカルは1993（平成5）年に発足し，卒業生とその保護者のみならず，本校OBの教員や地域等の協力者も参加して活動している。毎年，東京学芸大学の学園祭で公演するとともに，東京以外の地域においても公演し

同好会ソフトボール

若竹ミュージカル

て好評を得ている。

またサポート事業は，卒業生のアフターケアを行うことを目的とし，様々な問題に対しての相談活動や就労先の巡回，離職した卒業生の次の就職までの活動の場を提供するサービスを行っている。この事業は本校を退職した元教員と高等部進路担当の教員が連携して担当している。

このように若竹会では，卒業生の余暇活動の支援を中心に事業を行っている。卒業生にとっては，若竹会の行事や同好会のために気軽に学校に来る機会が増える。現職の教員にとっても，どのような卒業生がいるのかを知る機会となるとともに，在校生の学校卒業後の姿を想定することができる。さらに卒業後の動向を捉えやすく，卒業後に抱える問題等を考える機会を与えている。

長い歴史のある若竹会ではあるが，同時に保護者の高齢化，それに伴う運営面での引き継ぎ等が課題となっている。

（潟山孝司）

《文献／資料》

- 東京学芸大学附属特別支援学校若竹会（2014）：若竹会とともに—母校創立60周年を記念して—. 東京学芸大学附属特別支援学校若竹会.

▶▶▶ 第4フェーズ ◀◀◀

ILC（言語コミュニケーション指導）の実践

ナビゲーション

Key Words

言語コミュニケーション指導

1．育てたい領域

子どもは出生直後には養育者との関係のもとに育ち，子どもの世界はきょうだいや年齢が近い仲間とのやりとりへと徐々に広がっていきます。学齢期には学級や学校という集団の中で，他児と協力したり，自分の役割を率先して行ったりしながら，次第に卒業後の社会における自立した姿への準備を整えていきます。これらすべての段階において，子どもは「他者との関係の中」にいます。発達のどの段階でも，人との関わりであるコミュニケーションと無縁な時期はありませんが，ことばを使って学び，仲間に囲まれて活動する学校は，ことばやコミュニケーションを育てる最適な環境であるといえます。一方で，言語コミュニケーションに含まれる領域は広いため，支援ニーズのある子どもについては「どのような側面」を育てるかという目的を明確にしておきたいものです。教育の現場で育てたい領域は以下のように整理されます。

(1) 伝達の意欲：他者に向かう関心と自発的な表現

表現の前提として，他者に向かう意識や表現しようとする意欲を高めていく必要があります。ことばやサインのような表現方法を習得しても，仲間や大人に向かって何かを伝えようという意欲をもっていなければコミュニケーションは成立しません。そこで，伝え合うことは楽しい，表現することで自分の思いが伝わる，という実感を育てていきましょう。これがコミュニケーションの「自発性」につながります。自発性が十分に育っていない場合には，伝える意欲を伸ばすことが目標になるでしょう。

(2) 伝達内容の豊富さ：表現される内容の広がりや複雑さ

ハイハイをするようになった乳児が母親に人に近づいていくだけでも，関わってほしいという意図を表現することができます。このような行動は，のちに「要求」や「誘いかけ」という表現内容につながっていきます。指さしをするようになった乳児は要求だけでなく，「ほら見て」という気持ちを伴う「叙述」も指さしで表現したり，声を出してぐずることで「拒否」を示したりします。これは「今・ここ」で起こっていることを伝え手と聞き手が目にしながら，いわゆる共同注意のもとで交わす内容です。次第に，過去や未来の事柄や，離れた場所の出来事，さらには架空の想像上の内容についても伝え合うことができるようになっていきます。園や学校での集団生活の中では，「挨拶」「問いかけ」「同意」「報告」「説得」など様々な表現の機能を身につけるようになります。これらは，何を表現するかという「表現内容」のレパートリーです。子どもの実態によっては，表現する内容を広げることが目標となります。

(3) 伝達の方法：音声言語，ジェスチャー，シンボル，手話，文字など

表現される内容が広がるにつれて，表現手段も視線や指さしだけでなく，音声による話しことばで伝達するようになりますが，音声だけが表現手段ではありません。声は発すると同時に消えて残りませんが，視覚的な絵図版やシンボルは提示されている間は見続けることができるために，処理のスピードがゆっくりである子どもにも理解されやすいでしょう。音声による表現が苦手な子どもや，聴覚障害のある子どもには手の動きを使ったサインや手話という選択肢もあります。絵図版や単純なサインは見ただけで意味がわかりやすいという利点もあります。子どもによっては，どういう表現手段を身につけてもらいたいかが目標になります。音声言語に併用されたり，音声言語の代わりとして機能したりする表現手段を「補助（拡大）代替コミュニケーション」（AAC: Augmentative and Alternative Communication）と呼びます。近年は，タブレット端末のような電子機器もAACとして使用され，タブレット端末上の動画を子ども同士が共有することで話題が広がるという実践も報告されています。

2．コミュニケーション力を伸ばす手立て

個別の指導計画などにおいて言語コミュニケーションに関わる内容が対象となる場合には，上記のような「伝達意欲」「伝達内容」「伝達方法」が指導目標に反映されることになります。このような側面を育てるには，子どもとクラスの仲間，教師などが生活や活動を共有する学校での経験が役に立ちます。特に，以下の３点について計画を立てておくことが望ましいでしょう。

(1) 目標の設定

伝達意欲，伝達内容，伝達方法のうちのいずれを育てることを目指すのか，また，その

具体的な内容はどのようなものであるかを明記しておきます。これは子どもの変化を評価するためだけでなく，大人が関わるときの共通した指針にもなるという点で重要です。また，子どもの育ちを見る観点を保護者と共有することにもつながります。

(2) 活動の流れの設定

関わりを通して期待される子どもの姿に近づけるには，最適な活動の環境や流れ（文脈）を設定しておく必要があります。例えば，要求の表現を引き出すには子どもの好きなものや遊びを目の前に提示すれば要求行動が自然に起こりやすく，これは自然なコミュニケーション文脈を生かした指導です。ストーリーを使った「おはなしあそび」では，場面の連続の見通しをもたせたり，登場人物の心情の理解につなげたりするだけでなく，「おおきなかぶ」の「うんとこしょ，どっこいしょ」のフレーズのように，活動への参加や特定の表現を促しやすいでしょう。音楽活動はリズムやメロディが楽しい情動を生み，音楽に合った身体の動きの流れが仲間とのやりとりを円滑にします。発音のスキルを高めるような大人と対面する課題場面でも，子どもの動機づけを高める楽しい工夫が子どもの自発的な取り組み意欲につながるのです。

(3) 子どもの自発的な表現へのフィードバックの与え方

コミュニケーションは相手が応じることで成立します。子どもからの表現には最大限に有効なフィードバックを与えることを通して，子どもの表現の自発性を高めたり，伝える内容の幅を広げたり，相手に伝わりやすい表現が身につくよう促したりします。大人からのフィードバックは，タイミングと内容を調整することによって，子どもに様々なメッセージを伝えることができます。情動豊かにポジティブに大人が応じたり，子どもの表現を模倣したりすることで，子どもにとっては自分の表現が受け入れられたという達成感と安心感をもたらします。また，要求の意図を表す表現に対して，子どものほしいものや活動を与えることでその表現行動を強化し，定着を促すことになります。

表現内容に関するフィードバックには，子どもの表現をより高次化するための「リキャスト（recast）」があります。「鋳型にはめ直す」という意味のリキャストは，子どもの表現を受け止めながら，より適切なモデルを提示します。子どもの「ボールやる」という発話には，「ボールで遊びたいね」とより明確な内容に変えた表現で応じたり，「はさみを切る」に対しては，「はさみで切る」という正しい形に変えて聞かせたりします。「いつ」「どこで」「何を」などのいわゆる5W1Hの情報を子どもの発話に加え，内容をより膨らませて返すことによって，子どもの表現はより豊かに広がるかもしれません。子どもが手を伸ばす身振りで表現した場合は，「取ってください」と，話しことばによる表現を「モデリング」しながら応じましょう。

子どもの発話や行動を模倣するという単純なフィードバックも，相手に注目を促す効果をもちます。フィードバックは音声や動きだけではなく，子どもの発話を文字で書きとめて共有する，電子機器を用いて声を波形や画面の動きとして視覚的にフィードバックする，子どもの口の形を鏡で見せるといったことも，子どもが自分の表出を確認することにつながります。このような，関わりの意図や計画性を潜ませた大人の関わりを通して，人との関係性の中で子どもの生活を豊かにしていきたいものです。

（大伴 潔）

授業実践

プラクティス4-①
人形と遊ぼう！

Key Words：人間関係，象徴遊び，人形遊び

ねらい／趣旨

- 自ら遊ぶようになる（必要性から離れた心の余裕の中で）。
- 人の気持ちや意思，行為に関心をもつようになる。
- 人とのやりとりを楽しみ，よりよく接するようになる。

教材／道具

- 身近な人形やぬいぐるみ
- 人形丈の椅子やベッド等の家具
- 人形用の衣類，帽子，カバン等
- 人形用のブランコ等の遊具
- 人形用の車やバギー等の乗り物

評価／効果

- 人形遊びには，人の行為や気持ちなどに注意を向けさせる効果があった
- 人形遊びには，自分の動作や行為を意識させる効果があった
- 他の自由遊びの中で，友達にブランコを譲ったり，友達と仲良く鬼ごっこで遊んだりするなどの，人形遊びのスキルが般化することがあった

支援／活用のポイント：

- テーマが幼児の実生活に基づき，かつ，快い経験であること。
- 子どもの人間関係に関わる能力が共同生活の中で培われていること。
- 自閉症スペクトラムのある子どもにはルーチンやスクリプトの視覚化を利用すること。

写真１

写真２

展開／指導手続き／方法など：

人形遊びの４タイプと関わり方のポイント

タイプ	模式図	解説と関わり方のポイント
Aタイプ		大人がパペットを操って子どもたちに話しかける場面など。この際の大人の関わり方は，大人が声色を使い，人形を子どもに別な他者として認識させることがポイントである
Bタイプ		子どもが人形と向き合って食べ物を与えている場面など。この際の大人の関わり方は，大人が声色で人形の気持ちを代弁してやることがポイントになる
Cタイプ		子どもが人形と同じ方向を向いて，人形の手足を操作している場面など。この際には，大人が人形に視線を向けて直接語りかけるのがポイントとなる
Dタイプ		子どもがAからCの段階を重ねると，このような相互のやりとりも可能になる。その際には，大人は子どもの目の高さに合わせて子どものイメージに共感することがポイントとなる

■ 展開例

①ミッキーと鬼ごっこ（写真１）

２体のぬいぐるみが鬼ごっこをすることになり，鬼（追いかける役）と子（逃げる役）を決める。「つかまえちゃうぞ。まて，まてー」の台詞を合図に鬼ごっこが始まり，鬼が子に追いついて「つかまえた！　やった，やったー」と喜んで終了。ふたりはまたやろうと約束して別れる。子どもは，はじめは人形劇を観て，それから，徐々に大人と子ども，そして，子ども同士へと展開する。

②ノンタンぶらんこのせて（写真２）

ブランコに乗っているノンタンのところにウサギがやってきて乗せてほしいと懇願する。ノンタンは，はじめは断るが，のちに10数えたら交代すると約束する。ふたりは一緒に10を数え，ブランコを交代するという筋書き。数え歌を楽しく歌うのもポイント。子どもは，はじめに教員同士の人形劇を観る。それから，ウサギやノンタン役になって参加し，子ども同士の展開を楽しむ。

（安永啓司）

《文献／資料》

- 亀田隼人・安永啓司・他（2012）：知的障害のある幼児の人間関係の発達を促す遊びの実践研究（2）―人形遊びを用いた鬼ごっこスキルの形成―．東京学芸大学紀要総合教育科学系，63（2），205-212.
- 宮井清香・安永啓司・他（2012）：知的障害のある幼児の人間関係の発達を促す遊びの実践研究（1）―人形遊びの教育的効果について―．東京学芸大学紀要総合教育科学系，63（2），197-203.

授業実践

プラクティス4-②
タンバリンで友達かかわりゲーム

Key Words：他者との豊かな関わり，コミュニケーション関係支援，達成感

ねらい／趣旨
- タンバリンを媒介として，友達との豊かな関わりを育む。
- 歌（曲）に合わせてタンバリンを差し出し，相手に叩かせる。
- あちこちに差し出されるタンバリンを，歌（曲）に合わせて叩く。

教材／道具
- ♪「こぶたぬきつねこ」
  （作詞・作曲：山本直純）
- ♪「タンバリンならそう」
- ♪「wowwow タンバリン」
  （２曲とも作詞・作曲：根岸由香）
- タンバリン（1～２個）

評価／効果
- 友達を誘って活動できたか
- 友達に誘われたら，応じて活動することができたか
- それぞれが自発的に，自分で考えた方法で活動できたか
- 達成感や自信が得られたか

支援／活用のポイント：

二人組でリーダーゲームとして行う役割取得活動。歌（曲）に合わせて「タンバリン」を媒介とすることで，他者とのやりとりが円滑になる。教員がモデル呈示，DVDを見せるなどして，活動の目的を明確に伝えてから開始する。

先生またはリーダー役の子どもがタンバリンを持ち，歌いながら（または曲に合わせて）タンバリンをあちこちに差し出す。相手の子どもが，歌（曲）に合わせて，タイミングよくタンバリンを叩く。活動を繰り返す中で，リーダー役の子どもは，相手に応じてタンバリンを差し出すようになる。はじめはタンバリンを１個にして相手の叩きやすい場所へ差し出してあげ，続いて２個のタンバリンを，できるだけ高くあるいは低く差し出したりして難易度を上げていく。間近で応援する子もいる。右図のように，差し出し方を面白く工夫すれば，お互いに笑顔で楽しんで活動できる。

展開／指導手続き／方法など：

この活動は「こぶたタンバリン」という呼称で，「音楽」「学級」「社会性の学習」等の授業で，メインの活動として活用できる。指導を行う場合には，まずは教員がオーバーアクションで，動きを明確にしてやって見せる。あるいは，事前に作成しておいた「DVD教材」を視聴させる。子どもたちが活動すべき内容を理解したら，友達や先生と二人組になり，リーダーの役割を決めるように促す。最初のうちは教員も一緒に参加し，オーバーアクションで動きを示範する。リーダーの役になった子どもは，タンバリンを１～２個持ち，歌（曲）に合わせてタイミングよく，いろいろな場所へタンバリンを差し出す。相手の子どもが，差し出されたタンバリンを，歌（曲）に合わせてタイミングよく叩くのである。既成曲「こぶたぬきつねこ」で行う場合は，リーダーが「こぶた」と歌いながらタンバリンを差し出す。相手の子どもが「こぶた」や「トントン」等と応えて歌いながら，タイミングよくタンバリンを「タンタン」と叩く。同様の形で「たぬき」「きつね」「ねこ」まで，２～３回繰り返して行い，曲の最後は「せーのー」「トン！」で，ハイタッチのように叩いて終わるというルールを設定する。これらの流れを「活動のフォーマット」とし，１回の授業で５～６回程度は繰り返し実施する。リーダーの役割交代や，いろんな友達と一緒に活動することを目標にして，子どもたちが楽しく意欲的に活動できるように工夫して指導する。

オリジナル曲「タンバリンならそう」や「wowwow タンバリン」で行う場合には「タンバリンならそう」「トン！」や，「wowwowwow タンバリン」などの曲に合わせて「ウンタンウンタン」とリズミカルに，タイミングよく鳴らすことがポイントである。リズムに合わせて「コールアンドレスポンス」の形で鳴らせるように，ピアノ伴奏で意図を明確に伝える。子どもたちは，ピアノ伴奏をよく聴き，曲のリズムに「同期」して，全身を揺らしながら合わせて叩くことができる。互いに同調し合って揺れながら，活動を楽しむ様子も見られる。ピアノ伴奏は，子どもたちの「リズム同期」を誘発するように心がけて行う。CD 等を使用してもよい。

指導者は「一緒に活動する友達の幅が広がっていくように」「相手に応じてタンバリンの差し出し方を変えられるように」声かけし，自然と「思いやりの気持ち」が育つように願って指導する。楽しい雰囲気の中でゲーム的に行うことで，発声・発語・笑いが増え意欲的に活動できる。

（根岸由香）

《文献／資料》

- 音楽之友社編（2015）：心ふれあうセッションネタ帳 For Kids―職人たちのおくりもの―．音楽之友社．
- 遠山文吉編著（2005）：知的障害のある子どもへの音楽療法―子どもを生き生きさせる音楽の力―．明治図書出版，pp. 103-109.

● 個別指導 ●

プラクティス4-③
ダウン症児の発音指導「お口をはっきり！」

Key Words：発音不明瞭，発音指導，音韻意識

ねらい／趣旨	・ダウン症児に多く見られる発音不明瞭に対する個別の指導。 ・口の周辺の筋肉を鍛えて，発音しやすくする。 ・文字と対応させて音韻意識を高める。

教材／道具

イラスト，写真，単語カード，平仮名文字カード，コップ，歯ブラシ，笛，ろうそく，ストロー，水，鏡，ラッパ，ハーモニカ

評価／効果

- 発音に必要な表情筋や口の筋肉を鍛える
- 楽しみながらトレーニングをすることで，発声・発話意欲を高める

支援／活用のポイント：

ダウン症児の場合，聴力や言葉を認知する力，筋力や口腔器官などに弱さがある者が多いことから，発音が不明瞭になっている場合がある。原因が様々であることから対策を立てることが難しく，発音の不明瞭さに対する画期的な指導法はない。ここでは，少しでも発音しやすくなるような，また発話の意欲が高まるようなトレーニングについて紹介する。

展開／指導手続き／方法など：

■ **口の周辺の筋肉の使い方トレーニング**

構音（発音）器官の運動

うがい：ガラガラ～とできるだけ長く

歌う：ラララ，ルルル／ハミングなどいろいろな発音で

歯磨き：構音器官の運動に加え，口の中の見えない部分を意識できる

呼気の調節

笛，吹き戻し，ろうそく，ストローで水をブクブクなど

口腔器官の動き

口型模倣：頬を膨らませる，舌を突き出す，あ・い・う・え・お，にっこり，「パ」などいろいろな音・形で

■ **言葉・音の意識トレーニング**

音韻意識

音と文字：「た・ま・ご」と一文字ずつ指さしながら言う

音と手拍子：「た・ま・ご」と一音一音手を叩きながら言う

手のサイン：促音「っ」はグーで表現

例：「がっこう」→ 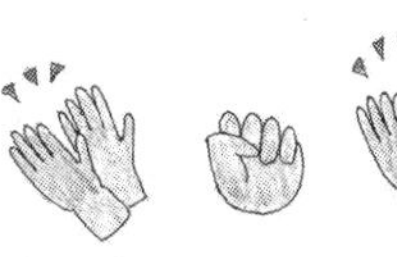  

■ **不明瞭な音のトレーニング**（da de ge sha shu sho…）

イラストを示して発音練習（模倣→自発的に）

：「きしゃ」の写真，「シュークリーム」を食べるイラストなど

不明瞭な音を含む単語の練習（語頭・中間・語尾にある単語）

：'da'「だんご」→「すだち」→「さらだ」

（音の数が少ない単語→多い単語）

：'sha'「しゃち」→「しゃしん」→「じてんしゃ」

（発音しにくい単語を含む文章の音読）

：「けーきやさん　で　しゅーくりーむ　を　たべた」

ゆっくり，はっきりと音読する

（橋本創一・枡 千晶）

《文献／資料》

• 全国特別支援学校知的障害教育校長会編著，丹野哲也監修（2015）：インクルーシブ教育システム時代のことばの指導―コミュニケーション能力の向上を目指して―．学研プラス．

授業実践

プラクティス4-④
ダウン症指導 ～マカトン法を使ったことばの指導～

Key Words：ダウン症，言語コミュニケーション，マカトン・サイン（以降サインと記述）

ねらい／趣旨	・サインやことば（音声言語）の表出を促す。 ・サインやことばの理解を促す。 ・サインやことばを使ったやりとりを促す。

教材／道具

- 絵・写真カード（例：10.5cm×14.5cm）
  ※指導することばが絵や写真で理解できるもの
- 絵や写真カードを立てるスタンド
  ※写真１参照

評価／効果

- サインの模倣ができる
- サインやことば，音声の表出ができる
- サインとことばが理解できる
- 生活場面でのサインやことばを使ってやりとりができる

支援／活用のポイント：

構音器官の状態からことばに不明瞭さがある子どもに，サインを使うと自分の要求や言っていることを相手に伝えられるということを理解させる。具体物や絵カードを使用して，サインとことばとの対応を図り，ことばの理解を促す。指導対象が生活場面で必要とする，ことばや文を精選して指導にあたる。

写真１　個別指導

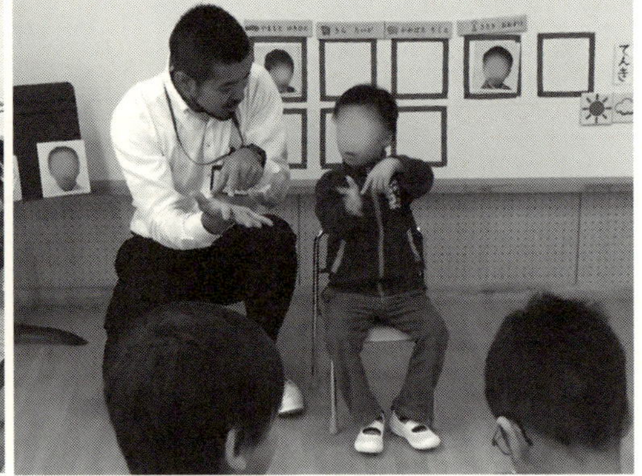
写真２　生活場面（朝の集まり）での指導

展開／指導手続き／方法など：

①ことばの発達の状態を理解し，指導課題を設定する

生活場面での話しことばから指導対象のことばの発達の状態を理解する。動作の模倣はあるか，どんな方法でほしいものを要求するか，目の前にある物の中から名前を言われたものを選ぶか，話しことばは明瞭か，言語発達（一語文で話すか，二語文以上のことばで話すかなど）はどれくらいか，などの視点で観察し，指導課題を設定する。

②遊びや生活場面でサインの必要性を理解させる

ダウン症の子どもには，歌やリズムを使った手遊びや身体遊びが大好きな子どもが多い。低年齢の子どもには，指導者との歌を使った手遊びや身体遊びを十分に経験させる。楽しい遊びを経験すると，指導者を見たら自分から要求してくるようになる。そのときには「なあに？」と問いかけ，サインや音声が出てから，遊ぶことにする。模倣がある場合には“やって”のサイン（右図）を示し，模倣がない場合は，他の指導者が子どもの背後から手を添えて“やって”のサインを一緒につくる。「サインをすると相手が遊んでくれる」という理解をさせる。音声表出がある子どもにはサインと音声の同時表出を促す。子どもも指導者も生活の中でサインとことばを使用していく。

“やって”のサイン

③個別指導でサインやことばの表出や理解を促す

手指運動課題や認知課題とともに，カルタ遊びの要領で，絵カードをいくつか置き，サインとことばで提示されたカードを選ばせる。サイン，音声との対応を図り，ことばの理解を促す。スタンドに立てて絵カードを本人の前に提示し，サインや音声の表出や模倣を促す（写真1）。指導する語彙は，指導対象の子どもが生活で使えるものをマカトン・サイン核語彙から精選する。構音器官の状態に応じて音声模倣や口形模倣などの指導も行う。

④サインやことばを使用する生活場面を意図的に用意する

ダウン症の子どもたちは周りの人の注意を引いたり，働きかけたり，人前で発表することが好きな子どもも多い。友達の前で挨拶や会を進行する「朝の集まり」（写真2），挨拶の仕事をする係や代表で配付物を配る場面は，サインやことばを指導する絶好の機会となる。ダウン症の子どもは積極的にサインやことばを使うようになる。保護者や本人の関係者とともに，生活場面でサインやことばを使う機会をつくっていきたい。

（小泉浩一）

《文献／資料》

• 松田祥子（2006）：日本版マカトン・サイン核語彙．日本マカトン協会．

● 指導実践 ●

プラクティス4-⑤
自閉症スペクトラム児童へのILC

Key Words：AAC，IEP作成，ICT活用

ねらい／趣旨

- 言語表出のない児童への補助代替コミュニケーション指導。
- 標的行動と指導場面を段階的に設定した指導。
- IEPを作成し，家庭や地域と連携。

教材／道具

- コミュニケーション・カード
- タブレット端末
  ※以上２点の選択肢は，子どもの好みに適宜対応させる
- 子どもの好きな物や活動

評価／効果

- ある限定された場面で，段階的に設定された標的行動の達成度で評価する
- コミュニケーション・スキルの獲得で情緒の安定効果が期待できる

支援／活用のポイント：

日常生活場面で大人と視線が合わない，遊びの場面でうろうろと落ち着くことがなく何がしたいのかわかりにくい，といった自閉症スペクトラム児童への支援。発達に合わせたAACを段階的に導入し，「要求」の表出を指導する。なお，IEPを作成し保護者と連携，指導場面を徐々に拡大していくことで，指導初期の誤学習を回避する。

段階的な指導のイメージ

<table>
<tr><td>時間
場面</td><td colspan="8">→</td></tr>
<tr><td>学校</td><td colspan="2">指導２期
遊びの指導，授業の選択場面　など</td><td colspan="2">指導３期
係の仕事，教室移動の情報提示　など</td><td colspan="2">指導４期
遊びの指導，授業の選択場面　など</td><td colspan="2">指導５期
本人が扱えるようにする，使用場面拡大</td></tr>
<tr><td>家庭
地域</td><td></td><td colspan="2">指導２期
放課後や休日の余暇など</td><td colspan="2">指導３期
通院・買い物・習い事の行き先提示　など</td><td colspan="2">指導４期
放課後や休日の余暇など</td><td></td></tr>
</table>

展開／指導手続き／方法など：

■ **指導1期**

標的行動：ほしい物に手を伸ばす（リーチング）。

大人の手を引いて，ほしい物のある場所に連れて行く（クレーン）。

指導の方針：共同注意が難しい（「指さし」が見られない）子どもには，好きな物を目につくところに準備したり，やってほしい遊びを通じたりして，相手に何かをやってほしいという気持ちを育てる。

指導場面：教材はないので日常生活上の機会を活用（機会利用型）。

■ **指導2期**

標的行動：コミュニケーション・カードを取り，大人に渡して要求物を受け取る。

指導の方針：言葉に代わる二次元情報を使ったやりとりの初期段階では，コミュニケーション・カードを用いた「物々交換システム」を導入する。選択肢の数は2つから，また，写真からイラストへと抽象化していく。

指導場面：誤学習を避けるため，教材を使った指導場面を限定的に設定。学校から指導を開始し，情報を家庭と共有。

■ **指導3期**

標的行動：大人が提示したコミュニケーション・カードの情報に従って行動する。

指導の方針：子どもから大人への「要求」は，聞き手である大人の反応が子どもの行動を強化してきた（指導2期）。ここでは大人から子どもへの情報伝達でカードを用いる。

指導場面：学校から家庭へと指導場面・指導機会の拡大を図る。

■ **指導4期**

標的行動：タブレット端末のコミュニケーション支援アプリケーション（VOCA的機能）上の選択肢を指でタップする。

指導の方針：タブレット端末のアニメーションや効果音が「タップ」する動きを強化する。かつ，「タップ」した選択肢の現物が与えられることで，相手に情報を伝える「指さし」の行動として学習されていく。

指導場面：学校から指導を開始し，情報を家庭と共有。

■ **指導5期**

標的行動：タブレット端末やコミュニケーション・ボード，ブックの選択肢を「指さし」して，自分の意思を相手に伝える。

指導の方針：AACはできるだけ自分で扱えるものにする。携帯性にも配慮して日常生活で使えるようにしていく。選択肢は，実態を考慮しつつイラストやシンボルなど，より汎用性のあるものを取り入れる。

（井上　剛）

授業実践

プラクティス4-⑥
発話明瞭度の改善を目指した指導

Key Words：発話，明瞭度，音声ゲームソフト

ねらい／趣旨

- 発話の不明瞭さは，従来から知的障害がある子どもの代表的な言語の問題の一つとして取り上げられている。
- この教育実践のねらいは，音声ゲームソフト（KayPENTAXのビジピッチⅣ）を用いて知的障害がある子どもの発話の明瞭度の改善を試みることである。

教材／道具

- ・ビジピッチⅣ（KayPENTAX）の音声ゲーム（Voice Games）
- ・ノートパソコン
- ・マイクロフォン（ECM-959DT）
- ・DAT（TCD-D10, SONY）

評価／効果

- 大学院生４名を評価者として，指導前と指導後の呼称を直接比較できた対象児３名について，指導前と指導後の発話明瞭度を比較したところ，ほとんど差はなかった。この結果，知的障害がある子どもの発話明瞭度は，音声ゲームソフトを用いた指導を行った場合，１か月程度ではほとんど改善しないことがわかった。ただし，聴覚的印象ではあるが，指導前よりも指導後のほうがすべての子どもにおいて声が大きくなったように感じた

支援／活用のポイント：

指導の際には以下の点に留意することが必要である。

- 子どもが音声ゲームソフトに興味を示すかどうか。
- 子どもが，自分の音声によって画面が変化することを認識できるかどうか。
- 一定期間，教材として使用した場合，子どもが興味を失ってしまうことはないか。

展開／指導手続き／方法など：

対象児は東京学芸大学附属特別支援学校の小学部１～３年に在籍する知的障害がある児童（自閉傾向を伴わない）６名であった。指導を行う前の発話明瞭度を記録しておくために，対象児６名それぞれが呼称可能な 10 語を担任教員から選択してもらい，絵カード化して各対象児に呼称させ，録音した。指導は，対象児を２名ずつ３グループに分け，１グループごとに行った。指導の場所は，附属特別支援学校内の一室で，指導者は教員１名であった。１グループの指導時間は１回につき約 10 分であった。予備的な研究として行った実践であったため，指導期間は約１か月で，対象児一人当たりの指導回数は４～５回であった。指導で使用する音声ゲームはビジピッチⅣ（KayPENTAX）に含まれているものである。この音声ゲームの特徴は，遊びの中で，発声の持続，発声のタイミング，声の高さの調整，声の大きさの調整ができることである。

結果は以下の通りであった。６名中５名は１回目の指導で 10 種類の音声ゲームのうち少なくとも一つに対して積極的に発声した。残りの１名は音声ゲームそのものには興味がある様子であったが，マイクを向けられると自分ではやろうとしなかった。この対象児も３～４回目の指導の際には自らマイクに向かって発声するようになった。指導した教員によれば，指導の対象となった子どもたちは，指導時間外の会話の中でも「ビジピッチ」を話題にしていた。また，「ビジピッチやる？」などの質問が教室での普段の生活の中でも出るようになり，指導がないと聞いて泣き出す子もいたという。これらの事実から，対象児全員がこの音声ゲームに興味をもっていることがうかがわれた。行動観察によれば，対象児が興味を示した理由は，単に，音声ゲームソフトの画面がきれいだとか，画面が動くというレベルではなく，自分の音声が画面上の一定の動きにつながり，発声の仕方で画面が変化することが楽しかったことによると推測された。その証拠に，子どもたちはマイクに向かっての発声の仕方を自分なりに変えていた。

（伊藤友彦）

《文献／資料》

- 伊藤友彦・富岡康一・安永啓司（2008）：知的障害児の不明瞭発話に対するメタ言語知識を用いた教育実践（平成 19 年度広域科学教科教育学研究経費報告書，34-40．東京学芸大学）．

第5フェーズ

ICT 活用による実践

ナビゲーション

Key Words

ICT 活用の実践

1.一人一人の教育的ニーズとICT

「教育の情報化に関する手引」(文部科学省，2010年）の第9章「特別支援教育における教育の情報化」の1節の1「一人一人の教育的ニーズに応じた教育の在り方」において，「コンピュータなどの情報機器は，……障害の状態や発達の段階等に応じて活用することにより，学習上又は生活上の困難を改善・克服させ，指導の効果を高めることができる有用な機器である」と述べている。また，「個々の児童生徒が，学習を進める上でどこに困難があり，どういった支援を行えばその困難を軽減できるか，という視点から考えることが大切である」と指摘している。

第5フェーズでは，一人一人の教育的ニーズに応じたICT活用の指導例について，プラクティスとしてまとめられている。本稿は，そのナビゲーションとして，特に，読み書きの学習支援のようなスキル学習支援にICTの活用を図る場合のポイントを，指導事例の結果から述べる。

ここで報告するICTは，東京学芸大学附属特別支援学校が文部科学省から指定を受けた事業の中で開発した「アセスメントと教材システム」である。事業名は，「平成26・27年度 支援機器等教材を活用した指導方法充実事業」であり，研究テーマは，「特別支援学校小・中・高等部における一貫した読み書き学習支援のためのアセスメントと教材システムの構築と評価に関する研究」であった。

2.「アセスメントと教材システム」による支援の実際

開発したシステムでは，一人一人の教育的ニーズをアセスメントに基づき把握し，その結果を，「PCタブレットによらない指導課題」と「PCタブレットによる指導課題」に直ちにつながるように工夫した。

この教材システムは次のウェブサイトからダウンロードできます。
http://sne-gakugei.jp/teaching/user/koik/201305231005.html

(1)「アセスメントと教材システム」の構成

アセスメントで使うプリント教材は，「読み書き学習のアセスメント」というボタン（図1）を押すと，PDFとして出力される。プリントの項目は，以下の通りである（「見本合わせ」「絵画語彙」「ひらがな文字の弁別」「ひらがな文字の模写」「ひらがな文字の読み書き」「音韻操作」「ひらがな単語の読み書き」「特殊音節単語の読み書き」「ひらがな単語の検索」「1・2年生漢字の読み」「1・2年生漢字の書き」「3～6年生漢字の読み」「3～6年生漢字の書き」)。プリントには，「アセスメントの実施方法」や，アセスメントの結果を記入すると未達成を評価ができる「アセスメント・プロフィール表」を含んでいる。この表には，各項目が未達成である場合に，指導課題が提案されている。

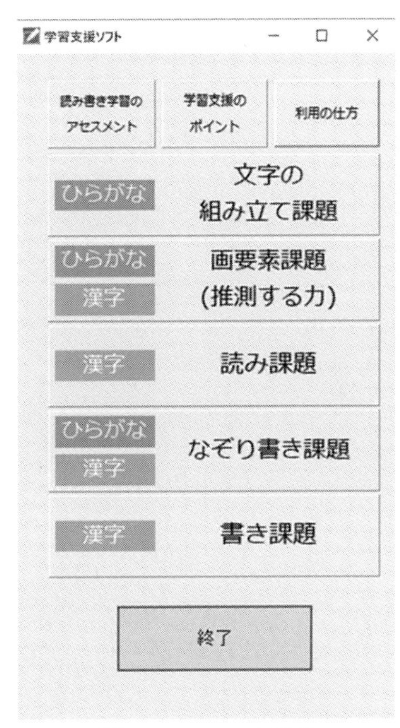

図1　メニューの画面

(2) アセスメント結果と学習支援との関係（図2）

アセスメントを行い，その結果を成績表に記入することで，達成か未達成かを評価できる。

「PCタブレットによらない指導課題」では，絵カードや文字カードを用いて指導を行う。ここでは，特別支援学校の児童生徒が示す読み書きの弱さに配慮し，効果的に取り組むことができる課題を整理した。指導課題の内容は「読み書き学習支援の実際とポイント」という冊子にまとめられている。冊子は，図1の「学習支援のポイント」のボタンを押すと，PDFとして出力され，利用できる。

表1は，「PCタブレットによる指導課題」の内容を示したものである。PCタブレットで，音声刺激や視覚刺激などの手がかり刺激の提示を工夫した。すなわち，子どもが正しく応答できる状態から，徐々に手がかり刺激を外して，最後に一人で文字の読みや書きの

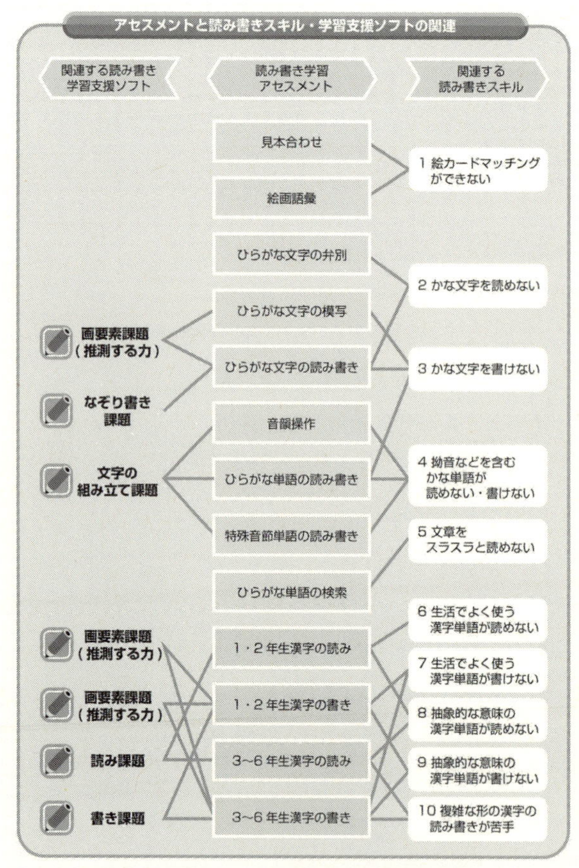

図2　アセスメント結果と学習支援の関係

表1　PCタブレットによる指導課題

指導課題	課題の内容
文字の組み立て課題（ひらがな）	ひらがな単語の読み（音声）とイラストが提示される。複数のひらがな文字の中から読みに対応した文字を選択して並べ，ひらがな単語を構成する。指がひらがな文字に触れると読みを提示するように設定することで，音韻意識を促す。支援のポイント：ひらがな文字選択の際の手がかり刺激として，音声呈示した
画要素課題（ひらがな・漢字）	ひらがなや漢字を構成する画要素について，始点と終点を意識しながら推測して書くことをねらいとする。支援のポイント：画要素の始点と終点について，子どもの視覚記憶を利用できるように設定した
読み課題（漢字）	小学校1年生から4年生までに習う漢字単語について，イラストや例文等と合わせて学習することで漢字単語の意味理解を促すことをねらいとしている。課題の設定で「PCによる判断」を選択すると，読み方を手書き入力して答え合わせをすることができる。支援のポイント：手がかり刺激として，イラストや文を利用できるようにした
なぞり書き課題（ひらがな・漢字）	かな文字や漢字のなぞり書きをする。課題の設定では，「なぞり書き」か「見て覚えて書く」を選択できる。支援のポイント：文字の形について，子どもの視覚記憶を利用できるようにした
書き課題（漢字）	見本を見ながら漢字を書く練習をする。見本の漢字を順に一画ずつ表示することで，正しい筆順を意識することができる。子どもの実態に合わせて，見本の表示方法を選択できる。課題の設定で「PCによる判断」を選択すると，手書き入力で答え合わせをすることができる。支援のポイント：漢字の形について，子どもの視覚記憶を利用できるようにした

達成に近づけるように配慮した。

(3) 指導事例の結果から指摘できるポイント

タブレット上で，子どもの指が文字に触れたときに音声が提示される環境は，単語を構成している個々の音節に注意を向けさせ，文字の位置と読みの関係に気づかせることに効果的である。アセスメントによって，音韻意識が弱いことを確認したダウン症事例に，PCタブレットで文字の組み立て課題を行った。あわせてPCタブレットを用いず，絵カードを用いた課題も行った。その結果，音声が提示されたのちに，単語の読みを一つずつ，声に出しながら文字を選択するという行動が見られ，自発的な音韻抽出行動を認めることができた。また指導後のポストテストにおいても，音韻抽出課題に改善が見られた。

指導事例の結果から，以下のようにまとめることができる。

○学習支援では，アセスメントなどを活用し，子どもの困難状況の把握に基づいて指導課題を設定することが大切である。

○音声刺激の提示は，音韻意識の促進に効果的である。

○手がかり刺激により望ましい行動を引き出し，手がかり刺激を外していく手続きは効果的である。

○「PCタブレットによらない指導」と「PCタブレットによる指導」をうまく組み合わせることで，効果的な指導を行うことができる。

（小池敏英）

● 授業実践 ●

プラクティス5-①
タブレットによるひらがな読み指導

Key Words：タブレット端末，読み書き学習，個別指導

ねらい／趣旨	・ひらがな50音を正しく読む。 ・ひらがな文字や身近なひらがな単語を書き取る。 ・タブレット端末を活用した読み書き指導を行う。

教材／道具

- Windowsのタブレット端末
- 読み書き学習支援ソフト
  ※右ページのダウンロードページ参照

評価／効果

- 読み書き学習支援ソフトに含まれるアセスメントにより実態把握および指導効果の検証を行った

支援／活用のポイント：

読み書き学習の指導には実態把握が不可欠である。この実践では，「読み書き学習支援ソフト」に含まれるアセスメントにより読み書きのスキルを明確にし，子どもの実態に合った指導課題に取り組んだ。

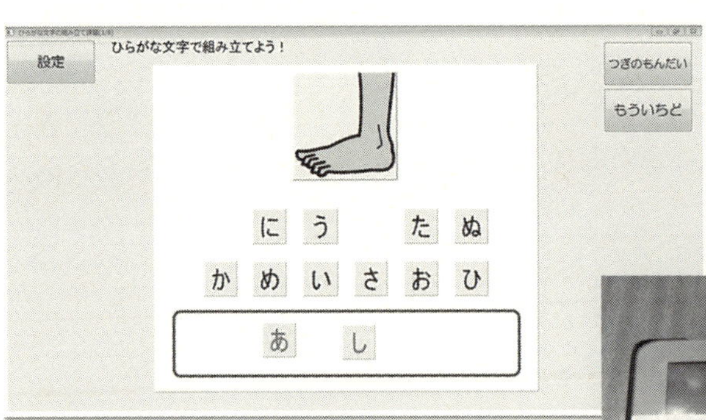

読み書き学習支援ソフト 課題画面

指導中の様子

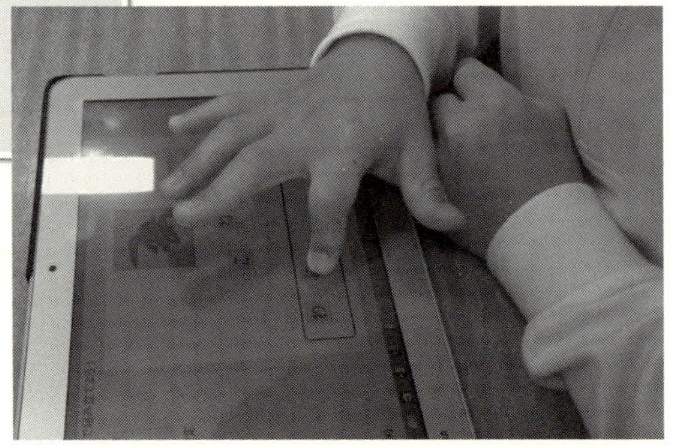

展開／指導手続き／方法など：

生活の中には様々な言葉があふれている。自分の名前や一日の予定等，頻繁に使う言葉以外にも，自分の世界を広げたり，社会生活の中で必要となったりするものがある。そういった言葉を読み書きする力は，知的障害のある児童生徒の現在および将来の生活の質に深く影響すると考えられる。読み書きの指導方法については従来から実践が重ねられているが，近年ではICT機器の普及によりその学習支援の幅が広がってきている。

ここではタブレット端末を用いたひらがな読みの指導について紹介する。対象は小学部２年の知的障害児１名（IQ40程度）である。正しく読めるひらがなは自分の名前の文字を中心とした10文字程度で，複数のひらがなを視写できるものの，「な」の書き取りで「け」と書く，といった音とひらがな文字とが対応してない様子が見られた。使用した教材は「読み書き学習支援ソフト（Windowsのタブレット端末対応／下記参照）」の「【ひらがな】文字の組み立て課題」である。この課題は，ひらがな単語の読み（音声）とイラストが呈示され，複数のひらがなの中から読みに対応した文字を選択して並べ，ひらがな単語を構成する仕組みになっている。学習場面では，２音からなるひらがな単語（例：あし，ほか）10問について２回ずつ指導した。週１～２回の指導を２か月程度続けたところ，対象児のひらがなの読み方に少しずつ変化が表れた。指導開始当初は，ひらがな文字の選択肢ボタンを適当にタップし，聞こえてくる音声（ひらがな1音）をオウム返しで口に出していたが，学習を重ねるにつれて，「『あ』は……あった！」と言って選択肢の中から必要なひらがな文字を選び取ることができるようになった。対象児の読み書き指導にはタブレット端末のほか，カード教材等も並行して使用していた。指導開始から２か月経過する頃には，ひらがな50音をほぼ安定して読むことができ，休み時間には友達を誘って，以前はできなかったカルタ遊びを楽しむ姿が見られるようになった。

タブレット端末を活用することで子どもの意欲，集中力が高まるとともに，カード教材等に比べ，限られた時間内で取り組める課題数が多いというメリットが確認できた。読み書き学習において，実態に応じてICT機器を活用することで，メリハリのある指導を展開できると考えられる。

読み書き学習支援ソフト ダウンロードページ（無料）

http://sne-gakugei.jp/teaching/user/koik/201305231005.html

※このソフトは文部科学省「平成26・27年度 支援機器等教材を活用した指導方法充実事業」の研究指定を受け，東京学芸大学と連携し開発した。

（長町友紀）

《文献／資料》

- 小池敏英・雲井未歓（2013）遊び活用型読み書き支援プログラム―学習評価と教材作成ソフトに基づく統合的支援の展開―．図書文化社．

授業実践

プラクティス5-②
電子黒板でおはなしあそびをしよう

Key Words：電子黒板，絵本，コミュニケーション

ねらい／趣旨	・物語の世界に親しむための導入として，電子黒板を用いたおはなしあそびを楽しむ。 ・電子黒板を用いることで，子どもが自分で活動を選んだり，友達の活動に注目して一緒に楽しんだりできるようにする。

教材／道具

- 絵本『もこもこもこ』
  （谷川俊太郎・元永定正，文研出版）
- 電子黒板
- プレゼンテーションアプリ
  （Powerpoint Keynote など）
- ♪「もこもこもこの歌」

評価／効果

- 自分で演じたい場面を選ぶ
- 友達の演技に注目したり，一緒に演じることを楽しんだりする
- 電子黒板でのおはなしあそびを通して，絵本や物語への関心を高める

支援／活用のポイント：

- 絵本『もこもこもこ』に関するオリジナルの歌やダンスをつくることで，体を動かしながらおはなしの世界を楽しめるようにする。
- 大きな電子黒板で提示することで，おはなしや友達の演技への注目を高めるようにする。
- 子どもが自分で電子黒板にタッチして操作することで，主体的に場面を選んだり，活動を開始したりできるようにする。

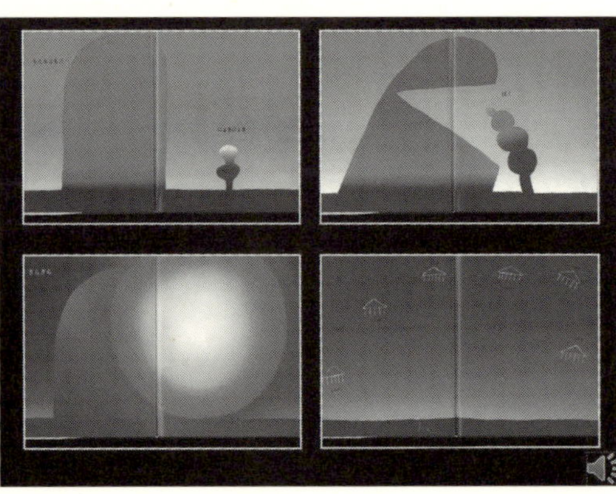

授業の展開例

学習活動	指導内容	留意点
•電子黒板で『もこもこもこ』の読み聞かせを行う	•読み聞かせに注目し，これからの活動への期待を高める	
•「もこもこもこの歌」を歌う	•教員の振付を見て，「もこ」「にょき」等の各場面の身体表現の仕方を知る	•教員は振付をしながら，児童の前で歌う
〈まねしてみよう〉 •指名された児童は自分の好きな場面を演じる •他の児童は手本役の児童と同じ動きをする	•「もこ」「にょき」などから自分の好きな場面を選ぶ •選んだ場面をジェスチャーで表現する •友達のジェスチャーに注目して，模倣する	•選びやすいように４場面程度の選択肢を電子黒板に提示する •タッチしたら，選んだ場面だけが表示され，曲が流れるように設定しておく •各場面のジェスチャーは，教員が決めておいてもよいが，実態に応じて児童が考えてもよい
〈一緒にやろう〉 •指名された児童は，友達を誘って前に出る •２人で選んだ場面を一緒に演じる	•手を取ったり，「やろう」と言ったりして，友達を誘う •友達と一緒に「もこ」「にょき」等の絵本の場面をジェスチャーで表現する	•２人で演じる場面では，「タイミングを合わせて同時に動く」「手をつないで一緒に動く」といった協力して行う身体表現を促してみてもよい
〈みんなで踊ろう〉 •全員で「もこもこもこ」の歌に合わせてダンスを踊る	•全員で一緒に踊ることを楽しむ	
•最後は絵本で『もこもこもこ』の読み聞かせを行う	•読み聞かせに注目し，絵本への関心をもつ	

「もこもこもこの歌」（作曲例）

（仲野真史）

授業実践

プラクティス5-③
デジタル教科書を活用した「くらし」の授業

＊「くらし」は東京学芸大学附属特別支援学校独自の設定授業であり，被服・調理・すまい・生活知識の４分野から構成される

Key Words：デジタル教科書，生活技能，家庭との連携

ねらい／趣旨	・家庭生活において必要な知識，技能を身につける。

教材／道具

- タブレット端末（iPad）
- iBooks Author で作成したデジタル教科書（図１）
- ワークシート（図２）

評価／効果

- ワークシートを活用し，手順ごとに生徒本人による評価と教員による評価を行う
- 家庭においても，学校で身につけた知識，技能が般化されているかどうかを評価する

支援／活用のポイント：

学校で洗濯や掃除，調理などの生活技能を指導する場合，家庭との連携は欠かすことができない要素の一つである。そこで，指導の方法を家庭と共有することができるよう，各技能（「アイロンがけ」「履き掃除」「やきそば」など）のデジタル教科書を作成し，各自のタブレット端末に入れて家庭に持ち帰ることにした。また，タブレット端末のカメラ機能を活用し，生徒の実態をより詳細に把握するため，学校と家庭間で生徒の取り組みの様子の写真や動画のやりとりを行った。

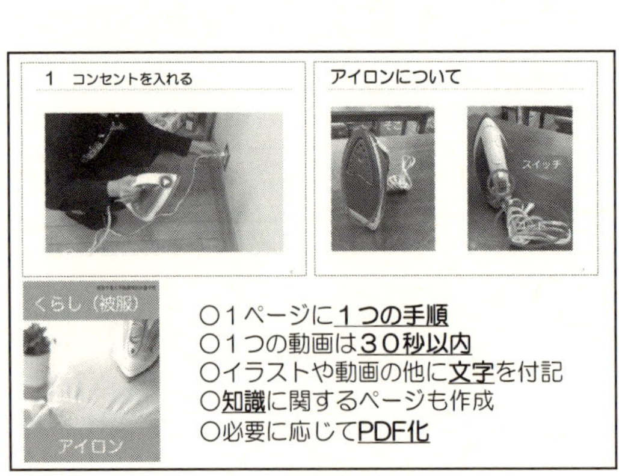

図１

★ できるように なったことに ○を書こう！

項目	自分	先生
・洗濯機を使って洋服を洗う		
・洗濯物をハンガーで干す		
・干した洗濯物を取り込む		
・シャツをていねいにたたむ		
・ズボンをていねいにたたむ		
・シャツやズボンを立ってたたむ		
・長袖やポロシャツをたたむ		
・洋服をタンスにきれいにしまう		

図２

展開／指導手続き／方法など：

指導は右図に示す手続きで行った。

①家庭での予習

くらしの授業は毎週火曜日に２単位時間（1単位時間は50分）設定されている。そのため，授業がある前の週の金曜日に，デジタル教科書が入ったタブレット端末を各自が持ち帰り，週末を利用して家庭で予習を行った。

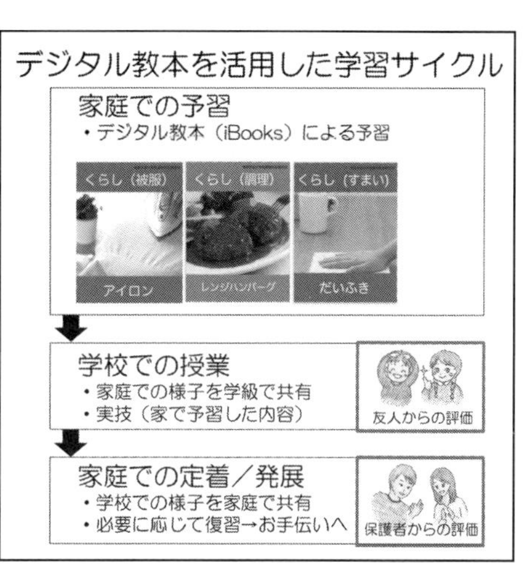

保護者には，家庭の予習の段階では，完全に技能を習得してこなくてよいことと，家庭において生徒が取り組む様子をタブレット端末のカメラ機能を用いて撮影してほしい旨を伝えた。生徒が家庭において授業の予習をし，ある程度の知識や技能を獲得した状態で授業に参加することで，より主体的な姿を引き出すことができると考えた。

②学校での授業

授業の前に，各生徒の家庭での取り組みの様子を教員が確認し，一人一人の課題を明確にして授業を行った。授業では，生徒の実態に応じて課題別のグループを編成し，技能の習熟を主なねらいとした。例えば，家庭で予習をすることで技能（例：雑巾による窓掃除）をほとんど習得できた生徒に対しては，より発展的な内容（例：ワイパーによる窓掃除）を指導した。

こうした，授業における生徒の取り組みの様子は一人一人のタブレット端末で録画し，振り返りの時間に自分の姿を動画で見ながらワークシートを記入するようにした。生徒によっては，家で取り組んだときになかなかうまくできなかった自分の姿と，授業でできるようになった姿を見比べることで自信をつけることができた。

さらに，授業の冒頭には，家庭における取り組みの様子を学級全体で共有する時間を設け，お互いの取り組みを認め合うことを重視し，生徒の動機づけが維持される（家庭で予習をするという行動が継続される）よう配慮した。

③家庭での定着

毎授業後，授業中の取り組みの動画が入ったタブレット端末と，ワークシートを家庭に持ち帰った。ワークシート（図２）に家庭欄も加えて作り，その後の家庭での様子等を記入し再度提出してもらった。

（齋藤大地）

《補記》

・本研究の一部は「障がいを持つ子どものためのモバイル端末活用事例研究『魔法のプロジェクト』」の2015年度協力校として助成を受けた。

授業実践

プラクティス5-④
「思い出遊び」タブレット端末の連絡帳補完型活用法とのコラボ授業

Key Words：タブレット端末，ビデオフィードバック，連絡帳

ねらい／趣旨
- 家庭で，学校での画像を家族と見て楽しむようになる。
- 自分の休日の画像を友達に見せて自慢するようになる。
- 自分と異なる友達の経験や生活に関心を示すようになる。

教材／道具
- タブレット端末（1人1台）
- 大型モニター，HDMI コード
- カーペット
- スポンジ積み木

評価／効果
- 休日の画像を自分で選んで見るようになったり，友達に見せて自慢したりするようになった
- 週末に家庭で，学校での画像を家族に見せて報告することが日課になった

支援／活用のポイント：

①学校での活動を撮り貯めたタブレット端末を連絡帳として持ち帰らせること。
②本人の自由な選択を尊重し，子どもが選んだ画像の内容を褒めたり羨ましがったりして讃えること。
③タブレット端末を本人の思考過程や会話とみなし，なるべく活動の途中に回収しないこと。

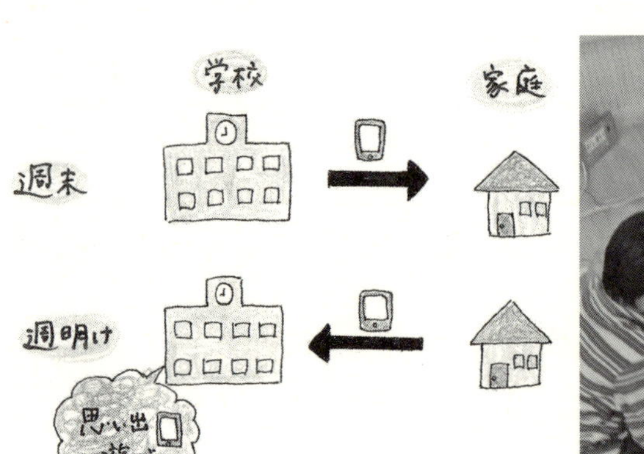

展開／指導手続き／方法など：

週始めの朝の集まりの中での展開例

時間	学習活動	指導内容	留意点
10:00	◆はじまりのうた ・T1を見ながら手遊びをしたり歌ったりする	・「朝の集まり」の始まりがわかる ・教員や友達の動きを模倣する	・T4はT1の合図でピアノを弾く
10:03	◆朝の挨拶 ・T1の「みなさん」の言葉に続いておじぎをしたり「おはようございます」の挨拶をしたりする	・挨拶の仕方	
10:05	◆思い出遊び ・カーペット上でT1からタブレット端末を受け取る ①自分のタブレット端末の中の見たい画像を自由に見る ②見せたい画像が決まった子どもは，モニターに画像を映し出す ③映し出した画像について自由に話したり，教員や友達の質問に答えたりする ④友達の画像を見て自由に感想を言ったり拍手をしたりする	・休日のことを思い出す ・見たい（見せたい）画像を選ぶ ・友達の画像に関心をもつ ・次時の活動がわかる	・T2，3はカーペット，T4はソフトブロック，T1はモニターを準備する ・T1は休日に何をしたのか教えてほしいなどと投げかける ・T1はアルバムを開いた状態で各子どもにタブレット端末を配付する ・教員は以下の役割を意識して子どもの支援を行う 〈発表者への支援〉 ・発表の支援 ・発表の情報補足・通訳 〈ギャラリーへの支援〉 ・発表準備の援助・相談 ・発表の視聴の模範 ・子ども間の仲介・調整 ・賞賛ははっきりと行い，他児にも同意を誘う ・発表は1人1回とし，顔写真を「おしまい箱」に入れて終了を伝える
10:30	◆終わりの挨拶		

注）T1～T4は指導にあたった4名の教師を示す

（安永啓司）

《文献／資料》

・安永啓司・亀田隼人・他（2014）：幼児期の自己意識と共感性を育む生活と遊びの研究―タブレット端末の連絡帳型活用法から生まれた新しい授業デザイン「思い出遊び」の実践をとおして―．東京学芸大学附属特別支援学校研究紀要，58，13-28．

・安永啓司（2016）：保護者と創る「思い出遊び」―幼稚部の早期家庭支援システムの一助として―．〔実践〕特別支援教育とAT，7．明治図書，pp. 48-51．

● 授業実践 ●

プラクティス5-⑤
書字学習支援システムの開発と活用

Key Words：ICT，書字学習，ワークシート

ねらい／趣旨

・タブレットPCとスタイラスペンによる書字学習システム。
・学習場面としてワークシートへの書字を想定。
・評価シートとシステム利用による評価の実施。

教材／道具

- タブレットPC・スタイラスペン：開発の便宜性からAndroidタブレットを採用。手書きを考慮し，手のひらが画面に触れても書字に影響しないモデルを採用
- アプリ：自主開発

評価／効果

- システムの目的や機能に関して５段階評価による評価シートを作成し，特別支援学校教員による評価を実施
- 知的障害特別支援学校の教員に本システムを提供し，活用

支援／活用のポイント：

学校でよく利用されるワークシートへの書字を利用場面として想定した。書字支援として，文字の大きさ，見本，なぞり書き，枠線，補助線などの調整を可能とした。また最終完成物（書字結果のみ記入されたワークシート）の作成を容易とするなど，教員の負担軽減にも努めた。

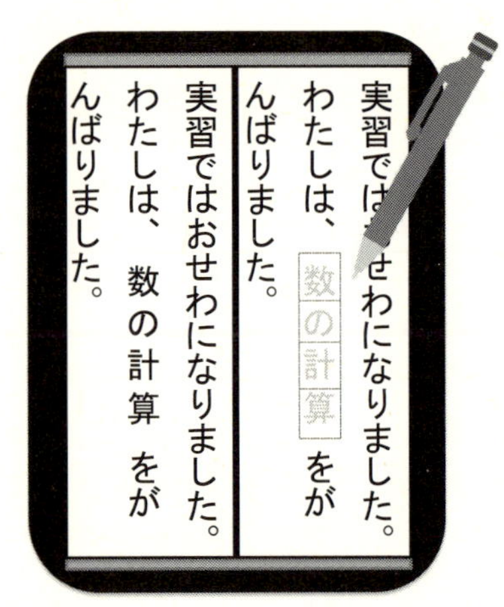

図　システムの入力画面の例

展開／指導手続き／方法など：

特別支援教育におけるタブレット端末の活用においては，様々なアプリが利用されているが，学習に必要な機能を実現するためにオリジナルのアプリ開発を行う例も見られるようになってきている。本稿では筆者らが開発した書字学習支援システムとその活用について報告する。

本システムは，特別支援学校で広く用いられているワークシートの記入をICTにより支援するものである。同様の研究として，キーボード入力をベースとした安冨ら(2016)の開発したアプリがあるが，筆者らのシステムは，手書きの環境を考慮している点に特徴がある。

本システムでは，ワークシートの画像ファイルを取り込み，事前に書字部分になぞり書きの文字，枠線，補助線等の設置・調整を行うことができる。学習者は画面片側の見本を見ながらスタイラスペンを用いて記入できる。また記入後に枠線等を除いて最終完成物をファイルまたはプリントアウトして作成することが簡単に可能である。

システムの評価のため，知的障害特別支援学校教員４名を対象にシステムの目的や機能についてデモおよび説明を行ったうえで，目的や機能に関する10項目について５段階評価を依頼した。８項目で評価の平均値4.0以上であり評価が高かったが，書字学習やユーザインタフェースの項目において4.0未満であり，改善の必要性が確認された。

システムの活用では，知的障害特別支援学校の教員１名に本システムを提供した。高等部２年生１名を対象とした授業で１か月間の活用を行った結果，記載スペースに配慮した比較的綺麗な文字が書けるようになったとの報告があった。また，教員の授業に関わる作業の変化について確認したところ，学習者が記入後の最終完成物の作成に関する業務負担がかなり軽減したという指摘も寄せられた。

（小林 巌）

《文献／資料》

- 佐藤究・杉沢あゆ美・小林巌（2015）：書字学習支援アプリ「かける君（極）」を用いた知的障がい教育のための学習成果を実生活に結び付ける教材の開発．教育システム情報学会研究報告，30（4），39-42.
- 安冨正人・坂井直樹・他（2016）：特別支援教育における教育アプリの活用実践と改良．山口大学教育学部 学部・附属教育実践研究紀要，15，119-128.
- Kobayashi, I., et al.（2016）：Advancing writing work with handwriting-learning system for students with intellectual disabilities. *Communications in Computer and Information Science*, 618, 237-242.

【編著者】

橋本創一（はしもとそういち）　東京学芸大学
安永啓司（やすながひろし）　名寄市立大学
大伴　潔（おおとも きよし）　東京学芸大学
小池敏英（こいけとしひで）　東京学芸大学
伊藤友彦（いとうともひこ）　東京学芸大学
小金井俊夫（こがねいとしお）　東京学芸大学附属特別支援学校

【執筆者】

李　受眞　東京学芸大学
井澤信三　兵庫教育大学
井上　剛　東京学芸大学附属特別支援学校
大関智子　東京学芸大学附属特別支援学校
尾高邦生　筑波大学附属大塚特別支援学校
潟山孝司　東京学芸大学附属特別支援学校
工藤傑史　東京福祉大学
熊谷　亮　福岡教育大学
小泉浩一　東京学芸大学附属特別支援学校
小林　巌　東京学芸大学
小林加奈子　立川市子ども家庭支援センター
齋藤大地　東京学芸大学附属特別支援学校
清水麻由　東京都立中野特別支援学校
霜田浩信　群馬大学
杉岡千宏　東京学芸大学
仲野真史　東京学芸大学附属特別支援学校
長町友紀　前東京学芸大学附属特別支援学校
根岸由香　筑波大学附属大塚特別支援学校
野原隆弘　東京学芸大学附属特別支援学校
蓮香美園　東京学芸大学附属特別支援学校
原田純二　東京都立青峰学園
枡　千晶　東京学芸大学
山内裕史　東京学芸大学附属特別支援学校
吉澤洋人　東京学芸大学附属特別支援学校
渡邉貴裕　順天堂大学
渡邉美帆子　新潟市立東特別支援学校

特別支援教育の新しいステージ
5つのI(アイ)で始まる知的障害児教育の実践・研究
——新学習指導要領から読む新たな授業つくり

2019年1月10日　初版第1刷発行

編著者　橋本創一　安永啓司
大伴　潔　小池敏英
伊藤友彦　小金井俊夫

発行者　宮下基幸
発行所　福村出版株式会社
〒113-0034　東京都文京区湯島2-14-11
電話　03(5812)9702
FAX　03(5812)9705
https://www.fukumura.co.jp

印刷・製本　中央精版印刷株式会社

ISBN978-4-571-12135-7 C3037　Printed in Japan